加賀山 茂

著作権法は どこで間違えたのか

「文化的所産の利用サイクル」説の視点から

信山社ブックレット

はしがき

私は，民法の専門家であって，著作権法の専門家ではありません。しかし，私は，本来の意味での創作の実践者だと思っております。

私は，多様な文献に依拠しつつも，新たな視点に基づいて，「文化的所産を公平かつ改変的に利用」しながら，法律家としては珍しいと言われていますが，一貫して，通説や判例とは全く異なる独自の学説を創作し続けています。

そのような創作の実践者として，現行の著作権法に向き合ってみると，著作権法とその学説が，以下の点で，「文化的所産に依拠しつつ改変的に利用する」という創作活動を大きく阻害していることに気づきます。

1. 「著作物」を無体物に限定している…絵画の原画や書籍は著作物でないという，驚くべき常識外れの定義に気づきます。
2. 「著作者」を人間に限定している…生成 AI の利用と公正な著作者表記を妨害していることに気づきます。
3. 改変禁止・差止請求などの著作者人格権に基づく著作者の過保護…著作権法の目的である「文化の発展」を阻害していることに気づきます。
4. 罪刑法定主義に反する刑罰規定…「権利侵害」を定義することなく，刑罰規定によって，創作活動を委縮させていることに気づきます。

そこで，私は，「著作権法はどこで間違えたのか」という問題を提起し，自らの創作体験に基づく「文化的所産の利用サイクル」という実践モデルに基づいて，現行の著作権法とその学説を徹底的に批判するとともに，著作権法の改正の方向性を示すことにしました。

以上の気づきを大切にしながら，「著作とは，文化的所産の公平な改変的な利用」であるという私の基本的な考え方を的確に表現してくれている「著作物は『利用』されなければ無意味となる」という趣旨の文章を引用して，本書の「はしがき」とさせていただきます。

2025年1月17日

別府湾と高崎山，冠雪した由布岳を一望できる大分県速見郡日出町の書斎にて

加賀山 茂

「物語は，伝わることで命を持つことができるのです。
誰かが声に出して読んだり，灯りに浮かび上がった文字を
毛布にくるまりながら目で追ったりしない限り，
本当の意味でこの世界に生きることができないのです。」
［コナリー・失われたものたちの本（2015）16頁］

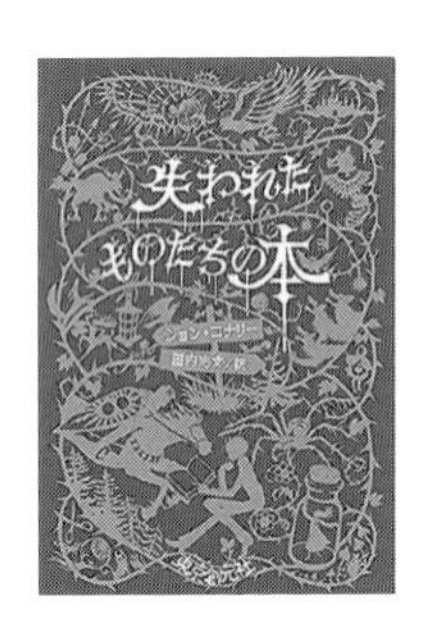

目　次

はしがき（iii）

はじめに ………… 3
1 生成 AI 開発者がノーベル賞を受賞したことの驚きと不安 ………… 3
2 本書の目的と特色 ………… 5
3 著作権法のシンプルでわかりやすい構造を目指して ………… 9

第 1 部　著作権法はどこを間違えているのか

第1章　著作物を無体物に限定したことの誤り ………… 22
第1節　旧法から現行法へ移行する過渡期の学説（山本桂一説） ………… 22
第2節　現行著作権法の通説の考え方（上野達弘説） ………… 23
第3節　新しい著作権学説による著作物の考え方 ………… 30

第2章　創作できるのは人間だけであるとの思い込み ………… 35
第1節　生成 AI の出現の衝撃 ………… 35
第2節　人間だけが有する能力とされてきた自然言語を操る生成 AI ………… 36
第3節　自然言語で指令すると生成 AI は絵画も作成できる ………… 38
第4節　人間と AI が協力して文化を発展させる時代の到来 ………… 39
第5節　生成 AI の作品の著作者が生成 AI のユーザとなるための条件 ………… 42

第3章　著作権を所有権と対比して異同を探求したことの誤り ……… 48
第1節　旧法から現行法へ移行する過渡期の学説（山本桂一説） ……… 48
第2節　現行著作権法の通説の考え方（中山信弘説） ……… 50
第3節　新しい著作権学説による著作物，および，著作権の考え方 ……… 51
第4章　著作権侵害の定義なしに「依拠」を制裁するという誤り ……… 54
第1節　「権利侵害」の定義なしで制裁を加える著作権法の異常 ……… 54
第2節　著作権法の罰則規定は罪刑法定主義に反している ……… 55
第3節　著作権法に置かれている過酷な刑罰規定の実態 ……… 57
第5章　著作権法が文化の発展を阻害するという誤り ……… 61
第1節　世界に例を見ない著作者人格権の過保護 ……… 61
第2節　文化の発展を阻害する差止請求の誤り ……… 65
第3節　判例百選事件の当事者は誰も悪くない，悪いのは著作物の差止制度 ……… 68

第2部　著作権法はどこから間違い始めたのか

第6章　著作権法の間違いの軌跡 ……… 74
第1節　民法の物権法からの決別 ……… 74
第2節　著作から享受に至るプロセスの軽視 ……… 76
第3節　著作権侵害における民法の不法行為法への依存 ……… 80

第７章　著作権法の間違いに対する認識の変化と諦め ……… 84
第１節　著作権法は，市民にとって理解が困難なまま放置されている ……… 85
第２節　生成 AI の出現による著作権法のさらなる混迷 ……… 90
第３節　著作権法学が立ち返るべき原点としての山本桂一説 … 93
第８章　公正な利用についての検討の放置 ……… 95
第１節　著作権法第１条の「公正な利用」の位置づけ ……… 95
第２節　（一次的）著作における文化的所産の「公正な利用」…… 97
第３節　二次的著作における著作物の「公正な利用」……… 98

第３部　著作権法はどうすれば間違いを正せるのか

第９章　物権法との再連携（動産上の制限物権としての著作権）……… 123
第 10 章　出版権，著作隣接権の著作権への統合による簡素化 ……… 126
第 11 章　著作権法の中核概念に関する改正案の提案 ……… 129
第１節　著作権法１条（目的）の改正案 ……… 130
第２節　公正な利用（著作権法１条）の定義と改正案 ……… 132
第３節　創作的表現（著作権法２条１項１号）の定義と改正案 ……… 137
第４節　著作者（著作権法２条１項２号）の再定義と改正案 …… 139
第５節　著作権侵害（著作権法 112 条以下）の定義と改正案 …… 141

結　　論 143
1　著作権法の世界 ── 文化的所産の利用サイクル 143
2　著作 ── 思想又は感情の創作的表現 144
3　著作物 ── 著作の固定化，それを通じた著作の再現と享受 145
4　著作権 ── 著作物の上の所有権を「公正な利用」に制限する制限物権 147
5　フェア・ユース ──「公正な利用」の判断基準 150
6　著作権侵害 ── 著作物の不公正な利用 153
7　制裁よりも補償 ── 文化の発展は依拠に始まる 154

おわりに 157
1　私の従来の専門分野（民法，消費者法，法情報学，法と経営学） 157
2　私と著作権法とのかかわり 159
3　謝　　辞 160

参照文献（163）
索　　引（169）

著作権法はどこで間違えたのか

――「文化的所産の利用サイクル」説の視点から――

はじめに

1　生成 AI 開発者がノーベル賞を受賞したことの驚きと不安

2024 年度のノーベル物理学賞，および，ノーベル化学賞が，ともに AI（Artificial Intelligence）の研究者に授与されたことは，物理学や化学の専門家にとっても，また，素人にとっても，驚きであったようである。

前者については，「人工ニューラルネットワークによる機械学習を可能にする基礎的発見と発明」が，なぜ，ノーベル物理学賞に該当するのか，また，後者については，「たんぱく質の立体構造を AI プログラム（アルファフォールド 2）で予測することを実現したこと」が，なぜ，ノーベル化学賞に該当するのか，直ちには理解が困難だからである。

このような学問分類上の問題が存在するとしても，人類の発展を願って授与されるノーベル賞における 2 つの部門で，生成 AI の研究が選定されたことは，大きな意味をもつといえよう［カールワイル・シンギュラリティはより近く（2024）405 頁］。

振り返ってみれば，人類の発展は，直立歩行の特典である「道具」の発展に依存するところが大きい。すなわち，石器は，狩猟採集を有利に進めた。火の利用による土器，鉄器の生産は，農業革命を引き起こすことに繋がった。化石エネルギーを利用した外燃機関は産業革命を引き起こした。そして，自動車・飛行機の内燃機関の発明は，運輸時間を短縮して，流通革命を引き起こした。そして，コンピュータの発明とインターネットによるコミュニケーションは，情報革命を引き起こすなど，便利な道具の発明によって人類は進化してきた。

しかし，それと並行して，火の利用による鉄器の発明は，武器の発展を通じて戦争を激化させている。さらに，火の利用は，ノーベルのダイナマイトを経て，強力な爆弾へと進展し，今や「原子の火」を利用した原子爆弾は，全人類を壊滅させる危険性をも現実のものとしている。

土木を進展させるためにノーベルが発明したダイナマイトが戦争に利用されたことを悔やんで，彼はノーベル賞を創設したのであるが，今や，人間の最高の知性とされてきた自然言語を操ることが可能となった生成 AI が，幻覚（ハルシネーション：hallucination）という，人間には「真実か嘘か」を簡単に見分けることができない「もっともらしい嘘」をまき散らすようになり，人類の文化までもが危機にさらされている。

したがって，現在においては，自然言語を通じて生成 AI が生成する作品に対して，適切な規制をすることが必要となっている。

生成 AI を規制するという役割は，一方では，知的財産法の一つである著作権法，他方では，対象を欠陥のある有体動産だけでなく無体動産へと拡張した新製造物責任法が担うことになると思われる。しかし，残念ながら，一方の著作権法はそれに対応できずに混乱の極みに達しており，他方の，新製造物責任法は，いまだに構想の段階にとどまっている。

このような現状に鑑みて，筆者は，著作権法の課題に焦点を当てて，自然言語を操る生成 AI の発展を促進する法的枠組みを検討すると同時に，生成 AI が振りまく幻覚（ハルシネーション）を規制するための方策を合わせて検討することにした（構想段階にとどまっている新製造物責任法の詳細な検討は別稿に譲ることにする）。

2　本書の目的と特色

本書の第1の目的は，「生成 AI が生成する作品をどのように扱うべきかを判断すべき著作権法が，生成 AI に対してなすすべもなく機能不全に陥っているのはなぜなのか」という問題について，著作権法の根本的な考え方にさかのぼって解明することにある。

その方法として，本書は，現在の著作権法の学説は，著作権法の中核的概念である，①「文化的な所産の**公正な利用**」（**著作権法第1条**），②「思想又は感情の**創作的**表現」（**著作権法2条1項1号**），③著作権の客体としての「**著作物**」（**著作権法2条1項1号**），④著作権の主体としての「**著作者**」（**著作権法2条1項2号**）という概念の定義とその解釈について，混乱の極みに達していること，そのため，以下の最も基本的な問いに答えることができなくなっていることを明らかにする。

(1) 生成 AI が行っている機械学習は，文化的な所産の「**公正な利用**」なのか。
(2) 生成 AI が生成する作品は，「**創作的な**」表現といえるのか。
(3) 生成 AI が生成する作品が創作的表現であるとして，その「**著作者**」は誰か。
(4) 絵画の「**原作品**」（有体物）は，それをスクリーンに映した映像（無体物）とは比較にならないほど，重要な文化的所産である。それにもかかわらず，価値の低いスクリーン映像が「著作物」とされ，貴重な絵画の「**原作品は著作物ではない**」とされるのは「世間の良識」から完全に外れているが，それでよいのか。

以上の点を明らかにした上で，本書の第2の目的は，著作権法の中核的概念についての新しい解釈によって，上記のすべての問いに対する回答例を提示すること，および，著作権法の改正私案を提示することを通じて，著作権法のあるべき姿を明らかにすることにある。

＊＊＊

ところで，本書の考え方は，現在の著作権法，または，著作権法学説の根本的な考え方をほぼ全否定することによって，生成AIに対応できる著作権法へと改変（トランスフォーム）しようとするものである。そのため，本書の基本的な考え方の特色をあらかじめ簡単に説明しておくのが適切であると思われる。

詳しくは，本論を読んでいただくほかないが，本書が提言する立法提案のうち，著作権法第1条（目的）の改正私案を見ていただくと，本書の基本的な立場の全体像を理解していただけると思われるので，結論を先取りして，改正私案を掲げておくことにする。

■著作権法　第1条（目的）（加賀山改正私案）

①この法律は，著作から享受に至る過程である，思想又は感情の創作的表現としての「著作」，著作の固定化による「著作物の製作」，著作物からの「著作の再現」，「著作の享受」という四段階のそれぞれの段階に応じて，以下の者を保護する。

一　思想又は感情の創作的表現である「著作」を行う創作者（以下，「**著作者**」（共同著作者，二次的著作者及び職務著作者を含む）という。）

二　当該著作を利用の便に供するために固定化したものである「著作物」の製造業者（以下，「**著作固定化事業者**」（出版事業者，レコード事業者）という。）

三　固定化された著作物を創作的な思想又は表現へと再現する者（以下，「**著作再現者**」（実演家，公衆送信事業者（放送事業者，通信放送事業者を含む），映画製作者）という。）

四　著作又は著作物をフェア・ユース（以下，「公正な利用」という。）を通じて著作を享受する者（以下，「**著作享受者**」という。）

②前項の目的を達するため，この法律は，著作物を入手したすべての所有者に対して，その著作物の利用を公正な利用に制限する法律上の**制限物権**（以下，「**著作権**」という。）を課す。

③この法律は，前二項を規定することにより，一方で，著作物のすべての占有者又は所有者による著作物の不公正な利用（以下，「**著作権侵害**」という。）を抑制するとともに，他方で，著作物の公正な利用を促進し，もって文化の多様な発展に寄与することを目的とする。

この改正私案の特色は，わが国において，以下の３点をはじめて明らかにした点にある。

第１に，著作者による思想又は感情の表現から公衆によるその享受に至る過程を右図のように，４段階（①著作，②著作の固定化，③固定化された著作物の再現，④公衆の享受）に分けて考察している。

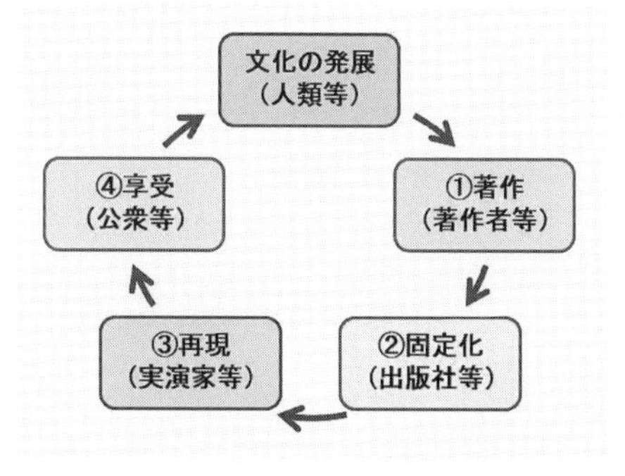

図１　文化的所産の利用サイクル説
（主体中心）

その上で，それぞれの段階に応じて，著作権法が公平に保護すべき保護主体（①著作者，②著作固定事業者（出版社，レコード製作者など），③著作再現者（実演家，放送事業者，有線放送事業者，映画製作者など），④著作の享受者（著作物の公正な利用者）を明らかにしている。

第２に，著作権の法的性質を著作物（動産を含む）の上に法が設定した，公正な利用以外の利用を制限する制限物権（用益物権）であることを明らかにしている。ここでの「公正な利用」という用語は，著作権法１条において，「文化的所産の公正な利用」という文脈で規定されているが，本書では，後に述べるように，創作（著作）も，実は，文化的所産の利用の一つに過ぎないと考えている。すなわち，著作とは，文化的所産の改変的利用に過ぎないと考えているため，公正な利用は，単に利用者だけが順守すればよいものではなく，著作者においても，文化的な所産の公正な利用を行うことを「創作性」の要件として要求しており，これが本書の特色の一つとなっている（**文化的所産の利用サイクル説**）。

第３に，上記の「公正な利用」を越えて，著作物を不公正に利用することが**著作権侵害**であることを明らかにしている。

もっとも，上記の第２の最初に記述した，「**著作権**とは，著作物の上に設定された法定の制限物権である」という考え方は，一般には，理解が困難かもしれない。そこで，理解が容易になるように，以下の図を参考のために掲げておくことにする。

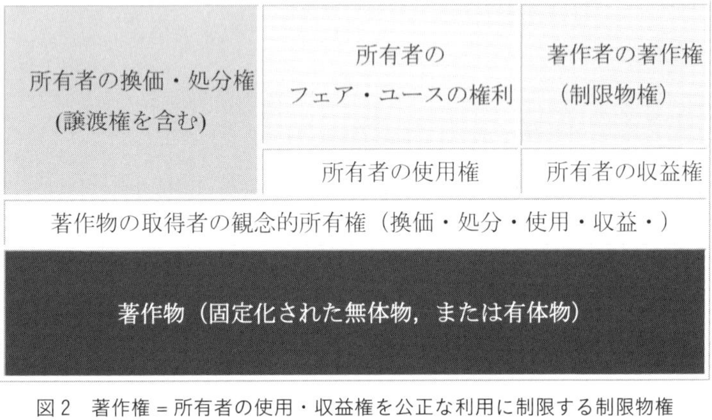

所有者の換価・処分権
(譲渡権を含む)
所有者の
フェア・ユースの権利
著作者の著作権
（制限物権）
所有者の使用権
所有者の収益権
著作物の取得者の観念的所有権（換価・処分・使用・収益・）
著作物（固定化された無体物，または有体物）

図２　著作権＝所有者の使用・収益権を公正な利用に制限する制限物権

著作権に関する従来の見解は，著作権を「無体物の利用の排他権」と考えた上で，有体物の所有権には何らの影響を与えないとしつつも，有体物である著作物の原作品や複製物に対する譲渡権を所有者から奪うことを認める一方で（著作権法26条の2第1項），それでは，上記の原作品や複製物の流通を妨げることになるため，原作品や複製部の第一譲渡の後は，著作者の譲渡権が消尽する（著作権法26条の2第2項）という難解な消尽理論を保持してきた。

しかし，上記のような新しい理論によれば，著作物とは，著作者の頭の中にある「思想又は感情の創作的表現」（著作）について，他人がそれを繰り返し利用して理解するため，または，著作を流通させるために，「著作が固定化された有体物」であると考える。具体的には，著作者の頭の中にある文章や画像や音楽などが紙に固定化された書籍，キャンバス，フィルム，楽譜，および，音声や音楽が固定化されたレコード，CD，並びに，上記のすべての情報が電子的磁気媒体（ハードディスク，SDなど）に記録された「有体物」であると考える。このように考えると，著作権は，所有者の有体物に対する処分権を支配するものではないので，難解な消尽論も必要がなくなる。

そして，それらの著作物の上には，著作物を取得した所有者の（換価・処分，使用・収益権）とともに，所有者の著作物の利用（使用・収益）を「公正な利用」に制限する法定の用益物権が設定されており，それこそが「著作権」であると考えるのである。

3　著作権法のシンプルでわかりやすい構造を目指して

このような新しい著作権理論によれば，出版権，著作隣接権のように，通常の著作権から追い出されている権利も，映画の著作権の場合と同様に，本来の著作権の内部に整合的に位置づけられることになり，著作権法の体系が大幅に簡素化され，市民にとってわかりやすい法律になると思われる。

もっとも，本書が提案する新しい著作権法理論によって，著作権法体系が単純なものとなり，著作権法が市民にとってわかりやすいものになるかどうかは，本文を読んでいただく読者の判断におまかせするしかない。

しかし，従来の著作権法学者たちが，複雑で難解となった著作権法をシンプルに改革すべきであることを認めながら，どのように改革すべきかを提案できなかったことを考慮するならば，著作権法の全体像をシンプルなものへと再構成する方法を明らかにした本書は，平易でわかりやすい著作権法を歓迎する多くの人々にとって，著作権法の改革のためのヒント，または，改革へのインパクトを与えることになると，私は考えている。

第1部　著作権法はどこを間違えているのか

本書を執筆する前に，私は，幸運にも，［中村・人類はどこで間違えたのか（2024）］，［中山・ある知財法学者の軌跡（2022）］，［山本・著作権法（1969）］，および，［中山＝金子・しなやかな著作権制度（2017）］という，4冊の本に出会うことができた。

第1の本である［中村・人類はどこで間違えたのか（2024）］は，40億年にわたる生命の歴史を振り返りながら，狩猟採集時代には平和に暮らしていた人類が，農耕時代，産業革命を経て，世界的な規模で戦争を繰り返すようになり，今や，原子爆弾という人類を破滅に導く危険な道具をもてあそぶようになったのはなぜなのか，人類は，どこの時点で進むべき道を誤ったのか，やり直すとすれば，どのような道をたどり直すべきかを探究する本である。

この本との対比で，人類が利用してきた道具の発展（言葉，石器，火，鉄器，蒸気機関，内燃機関，原子力等）を振り返ると，2022年11月30日に登場したChatGPTに代表される生成AI，すなわち，人類の最も高度な道具である自然言語を操ることができるようになり，本当か嘘かを見分けることができないほど高度な文章等を生成できる生成AIは，原子力に劣らないほどに，人類の文明に対する破壊力を有している。人類を危機に陥れる危険性のある原子力の利用規制と並んで，生成AIの利用についても，適切な規制をすることが求められている。

ところが，生成AIの出現を前にして，本書で扱う著作権法は，なすすべもなく，立ち往生しているのが現状である。すなわち，①生成AIの生成する作品は，そもそも「思想又は感情を創作的に表現したもの」と定義されている「著作物」なのか，②生成 AI の生成する作品の著作者は誰なのか，③どのような場合に著作権違反を問いうるのかという，著作権法の根本問題についてさえ，著作権法は，明確な解答を成しえないままである。

この現状に鑑みるならば，私は，第1の本のタイトルを借りて，「著作権法はどこで間違えたのか」を探究しなければならないと考えるようになった。

＊＊＊

第2の本は，現代の著作権法学界をリードしてきた［中山・著作権法（2023）］の著者である中山信弘が，著作権法学説をどのようにして発展させてきたのかを明らかにする本［中山・ある知的財産法学者の軌跡（2022）］である。

この本の中で著者の中山信弘は，恩師の山本桂一の学恩について詳しく触れているため，私は，早速，中山信弘の恩師である山本桂一が執筆した［山本・著作権法（1969）］を入手して，熟読してみた。

＊＊＊

第2の本を介して私が出会った第3の本である［山本・著作権法（1969）］は，旧著作権法（明治 32（1899）年法 39 号）の解説書ではあるが，現行著作権法（昭和 45（1970）年法 48 号）の改正法案を巻末に掲載し，それを本文および注で参照しているため，現行著作権法の解説書としても通用するものである。

驚いたことに，第3の本［山本・著作権法（1969）］で，山本桂一は，著作物について，第1に，有体物と無体物とを区別しておらず［山本・著作権法（1969）32，36 頁］，第2に，著作物の要件として固定化を要求していたこと［山本・著作権法（1969）34，36 頁］

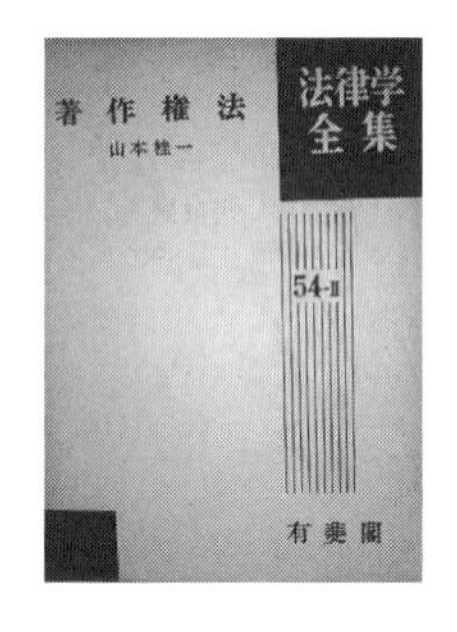

を知ることができた。これは，現在の米国連邦著作権法の立場と同じである。

しかも，第3に，著作権は無体物の支配権というよりは，利用権であることを明確に述べており［山本・著作権法（1969）36，83頁］，さらに，第4に，著作権侵害は，民法の不法行為法とは異なる点が多いため，別の定義をする必要がある［山本・著作権法（1969）137-138頁］と述べていることも明らかになった。

この内容は，次に詳しく論じるが，現在の通説をリードしている著作権法の概説書［中山・著作権法（2023）21頁（注1）］が，［山本・著作権法（1969）］について紹介している以下の記述とは，大きく異なっているように思われる。

「山本桂一『著作権法』36頁は著作物を有形物的に考えているようであるが，その出版時である昭和44（1969）年当時は複製技術やデジタル技術も極めて低レベルにあり，媒体と分離して著作物だけが流通するものは，放送のような例外を除いてほとんどなく，現在とは環境が大きく異なっていた。著作物の存在形式は時代により変遷するので，いつ執筆されたものかという点に留意する必要がある。」

しかし，私たちが，［山本・著作権法（1969）36頁］をその時代背景に即して理解したとしても，上記の［中山・著作権法（2023）21頁（注1）］の記述は，的を射ていないのではないかと，私には思われる。その具体的な理由は，以下の通りである。

第1に，時代背景の点については，［山本・著作権法（1969）］の執筆当時においても，放送のように，媒体と分離して情報を流通させる技術は存在していた。そして，その場合においても，［山本・著作権法（1969）34頁］は，著作権侵害があったかどうかを判定するために，著作物の要件として「固定化」を要求しており，放送であっても録音された媒体を隣接権として保護すべきだと考えていた［山本・著作権法（1969）16頁］。

第2に，著作物が無体物に限られるかどうかの点については，［山本・著作権法（1969）36頁］は，著作物が有形的存在であることを明言しているばかりか，著作物を有形物から離れた観念的存在でしかないとする現在の通説を適切でないと断定していた。

第3に，［山本・著作権法（1969）］の現代的意義については，著作物の要件について，固定化を要求する点については，現在の米国連邦著作権法第102条（a）が同じ立場をとっており，現代的意義が失われているわけではない。

私は，中山信弘の紹介文に対して，以上のような違和感を持ちながら，［山本・著作権法（1969）］を読み続けたのであるが，本書を読み終えた後は，生成AIの登場によって混乱に陥っている著作権法，および，現在の学説が立ち返るべき原点は，まさに，［山本・著作権法（1969）］ではないのか，という感想を抱くに至っている。

もちろん，本書は，旧著作権法の解説書であるため，インターネット革命も生成AIの登場も経験していない時代の所産である。このため，民法学者としての私の立場からすると不十分な点も散見されるが，著作物を有体物をも含むと考え，固定化を著作物の要件と考え，著作権違反を民法に委ねるのではなく，著作権法の中で定義すべきであるという点は，私たちが立ち返るべき視点を与えてくれているように思われる。

このような著作権法の考え方を基礎に据えて，現行著作権法，および，現在の著作権法学説を批判的に検討するならば，生成AIに適切に対応することのできる著作権法の新しい学説，並びに，著作権法の改革案を提言できるのではないかというのが，私の考え方である。

＊＊＊

私が，本書の執筆前に出会った第4の本は，［中山＝金子・しなやかな著作権制度（2017）］である。

この第4の本は，2018年の著作権法改正によって実現した「柔軟な権利制限規定（著作権法30条の4，47条の4，47条の5）」に先駆けて，**理想的な著作権制度の構想**（［田中「最強の著作権制度」(2017) 21-79頁］，［前田「著作権法の設計」(2017) 81-140頁］）から始めて，**フェア・ユースの考え方**を取り込むための**解釈論**（［上野「権利制限の一般規定」(2017) 141-182頁］，［横山「引用とパロディ」(2017) 337-373頁］，金子「同一性保持権侵害と改変（2017）375-436頁」），**比較法研究**（［張「韓国における権利制限の一般規定」(2017) 255-286頁］，［渕「イギリスにおける公益の抗弁」(2017) 287-308頁］，［今村「拡大集中許諾制度」(2017) 309-335頁］，澤田「建築作品の保存における所有権と著作権（2017）437-460頁」），史実または統計学を駆使した**実態調査**（［藤本「アジアにおける海賊版マンガから正規版への移行過程」463-515頁］，［小島「著作権教育の現状と課題」(2017) 517-556頁］，［田中「フェア・ユースの是非」(2017) 557-594頁］，［白田「人物表現の類似判定」(2017) 595-662頁］，［白田「キャラクターの本質的特徴について」(2017) 663-682頁］）などを通じて，文化の発展に資する「しなやかな著作権制度」とはどのようなものなのかを明らかにした本である。

私の本（本書）は，執筆前に出会った第1の本である［中村・人類はどこで間違えたのか（2024）］にヒントを得て，「著作権法の誤り」を論じるものである。通説に抗い，一人説であることを気にしない私であっても，専門分野から外れる著作権法の分野で，大胆にも「著作権法の誤り」を論じることについては，多少の躊躇もあった。しかし，執筆前に出会った第4の本である［中山＝金子・しなやかな著作権制度（2017）］の第4章（大量デジタル情報の利活用におけるフェアユース規定の役割の拡大──著作権法（個別制限規定）の没落と自生的規範の勃興──）の以下の箇所を読んでみて，私の本書の著作権法に対する批判的タイトル（〔著作権法はどこで間違ったのか〕）が，決して独りよがりのものでないと確信することができた。

> 「**失敗しているのは，『市場』**ではなく，むしろ個別制限規定などを定める**『著作権法』**の方ではないだろうか。」（［潮海「フェア・ユース規定の役割」（2017）186頁］）
>
> 「『市場が失敗している』というよりも，市場は自制的規範を生成しており，失敗しているようには見えない。むしろ**失敗しているのは著作権法学者たちの提示する制度**メニューの方ではなかろうか。（［潮海「フェア・ユース規定の役割」（2017）246頁］）

もっとも，著作物における「市場の失敗」に関しては，この本では，この見解をサポートするために拡大集中許諾制度の導入によって市場の失敗を克服できるという考え方（［今村「拡大集中許諾制度」（2017）309-335頁］）が紹介されているが，この見解とは反対に，著作権に関する市場は失敗しているとする見解（［田中「フェア・ユースの是非」（2017）586-593頁］）も紹介されている。フェア・ユースを導入する際の説明としては，「市場の失敗」を前提として，それを補完するためという理由を付すのが説得的であり，私は，後者に賛成の立場をとっている。

さて，私が出会った第4の本は，先に述べたように，2018年の著作権法改正における「柔軟な制限規定」の制定に影響を与えた著作である点で重要な意義を有している。特に，クリエイターの実態調査を通じて，クリエイターの7割がフェア・ユース（日本型フェア・ユースを含む）を望んでいることを明らかにした第13章（[田中「フェア・ユースの是非」(2017) 557-594頁]）は，著作権法の改正に関わっている著作権者を代表しているとされてきた委員たちが，必ずしも，著作権者全体の意向を反映していないことを明らかにした点で，重要な意義を有している。

また，第3章（[上野「権利制限の一般規定」(2017) 141-182頁]），および，第4章（[潮海「フェア・ユース規定の役割」(2017) 183-253頁]）は，2028年の著作権法改正で日本版フェア・ユースの考え方が一部取り入れられるのに影響を与えたものであり，本書の価値を一段と高めている。

さらに，この第4の本が提唱する著作権法制度に関する根本的な制度設計（第1章：[田中「最強の著作権制度」(2017) 21-79頁]，第2章：[前田「著作権法の設計」(2017) 81-140頁]），新しい解釈論（第9章：金子「同一性保持権侵害と改変 (2017) 375-436頁」）などは，今後の著作権法改正の際に参照されるべき論考であり，本書の役割は，2018年改正を経た現在においても，参照されるべき価値を有していると，私は考えている。

私が出会った第4の本は，上記のように，2018年の改正で積み残された著作権法の課題（根本的な制度設計の改革など）について，説得力のある提言をしており，今後の著作権法の改正の指針として，現在においても新しさを失っていない。

＊＊＊

もっとも，この本の発刊された2017年は，生成AIの出現を予期できる時期ではなく，生成AIが出現した時代の対応については，不十分な面があることも事実である。

インターネットの発展によって，「一億総クリエイターの時代」が到来したと言われて久しいが，生成AIの出現以前の現実は，公衆の多くは著作物の利用者に過ぎなかった。しかし，生成AIの出現によって，本来の意味での「一億総クリエイターの時代」が到来したといえる。なぜなら，生成AIの利用者は，生成AIに自然言語でアイディアを与えるだけで，高度な文章，ネイティブも顔負けのレベルの高い翻訳，芸術的な絵画，動画，高度なプログラミングを人間では不可能な速度で，つまり，あっという間に実現してくれるようになったからである。このようにして，2022年の生成AIの出現によって，創作と利用の垣根が取り払われたのである。

そこで，本書（加賀山茂『著作権法はどこで間違えたのか――文化的所産の利用サイクル説』）においては，以下のように，生成AIの時代にふさわしい著作権法の解釈と立法提言を行ことにした。

第1に，著作権法の全体像を「文化的所産の利用サイクル」という図式で表現し，創作も「文化的所産の改変的利用」の一つとして捉え，創作と利用を一元的にとらえることにした。その結果，これまでの考え方とは異なる以下の3つの結果を導いている。

(1)「公正な利用」（フェア・ユース）の法理は，利用の局面だけでなく，保護されるべき創作についてもその要件として適用される（第8章第1節）。

(2) 保護されるべき著作物の要件としての「公正な改変的利用」であることが登録されたり，証明されたりした著作物の著作権者だけが，著作権違反の訴えを提起できる（第10章第4節，第5節）。

⑶ 全ての創作は，しょせんは文化的所産の改変的利用なのだから，広い意味での「二次的著作」に過ぎないと捉える。そして，この「広い意味での二次的著作」の中に，原著作の表現上の本質的特徴を維持している「狭い意味での二次的著作」と，原著作の表現上の本質的特徴までも改変している「(一時的）著作」とを区別する（第8章第2節，第3節，第11章第3節）。

第2に，著作権法を一般市民にも理解できる**シンプルな構造に再編成**している。

⑴ 著作物を無体物として構成したために，著作権法と民法との連携が断絶していたのを再連携している（第7章第3節）。

⑵ 文化的所産の利用サイクルの中で，著作（無体物）と著作物（有体物）とを明確に区別し，原作品も書籍も著作物として取り込む。また，出版権，著作隣接権（実演，レコード，放送，有線放送）も，映画の著作権と同様に，著作権の内部に取り込む（第10章）。

⑶ 著作権の性質を著作物の上に法によって設定された制限物権（不公正な利用を制限する排他的権利）と考える（第3章第3節，第9章）。

第3に，著作権法を**生成AIの出現に対応**できるように**解釈の変更（中核概念の定義）**と**立法提案**を行っている。

⑴ 生成AIを道具ではなく，生成AIの利用者の支配下にある派遣労働者と同様に扱い，職務著作の規定（著作権法15条）を類推して，一定の要件の下で，生成AIの利用者を生成AIが生成した作品の著作者と認定する（第2章第5節）。

⑵ いままで，定義をせずに済ましてきたり（創作性，著作権，公正な利用），定義があいまいだったりしたもの（著作物，著作者）

を定義したり，再定義したりする（第11章第2節～第5節）。

(3) 生成AIが生成する作品について，共同著作の可能性，および，生成AIの開発業者・提供者に関する新しい製造物責任法を検討する（これが，私の今後の課題である）。

第 *1* 章

著作物を無体物に限定したことの誤り

第1節　旧法から現行法へ移行する過渡期の学説（山本桂一説）

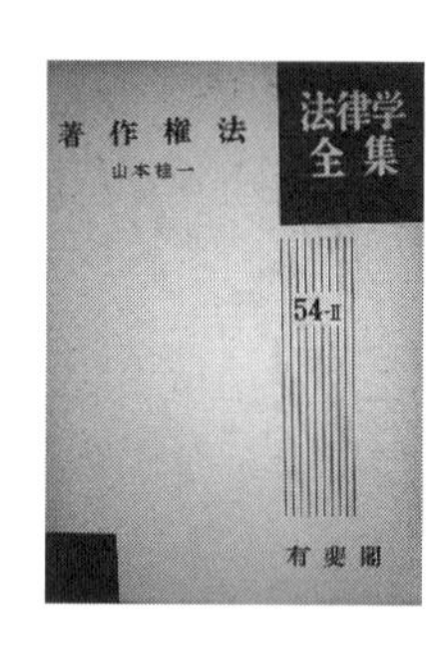

［山本・著作権法（1969）］は，旧著作権法が1970年5月6日に改正されて現行の著作権法になる直前の1969年1月19日に公刊された旧著作権法の最後の体系書である。

ただし，現行著作権法の法制局の最終案（1968年4月2日閣議決定）が本書の巻末に収録されており，本書には，本文や注において，現行著作権法の考え方が取り入れられており，現行著作権法の最初の解説書としての性質をも有している。

山本桂一は，著作物は有体物か無体物か，著作物性の要件として，著作の固定化が必要かどうかについて，以下のように論じている。

1　現在の通説である著作物＝無体物説の紹介

著作物が有形的存在であることに疑惑をもつ見解は，多くの場合著作権が有体物としての著作物の上に排他的支配を及ぼすのではなく，有体物を越えて著作者のもとに残存する観念的存在を支配すると考えることによる。

たとえば原稿を出版社に交付し，絵画・彫刻を依頼者に引き渡し，またはレコード，映画フィルムを売渡したとき，これらの有体物の所有権が移転しても著作権は，当然には譲渡されるわけではないから，この場合，著作権の支配すべき客体は，有形物を離れた観念的な存在でしかないとする［山本・著作権法（1969）36頁］。

2　現在の通説である著作物＝無体物説に対する批判

しかしながらこのような考え方は，著作権法の文字からいって適当でない。法も条約も明らかに著作物は，おおむね有形物を例示しているからである［山本・著作権法（1969）36頁］。

3　著作物の要件として，固定化を要件とすることを是認

著作物の要件としては，それが一定の外部的客観化，外形的固定化まで要求されることもあるが，わが現行法制下〔旧著作権法下〕でこの基準を採ると，演述や演奏歌唱が脱落する。とくに実演をすべて隣接権の対象となるものとすれば〔現行法で実現〕，外形的固定化を要件としてもよい。…

著作物が何等かの形式で，外部的に客観化されなければ，法はその利用の範囲を明確に識別し得ず，すなわち，他人がこれを不法に複製したか，すなわち偽作〔著作権侵害〕があったか否かを判定する標準をもたないことになる［山本・著作権法（1969）34頁］。

第２節　現行著作権法の通説の考え方（上野達弘説）

1　上野達弘説の紹介および検討

著作権法を学ぶ人々が読む判例集として定評のある著作権判例百選（最新刊は第６版）の〔第５版〕の第１事件（最二判昭和59・1・

20〔顔真卿自書建中告身帖事件：上告審〕）の解説において，上野達弘は，著作権法の通説の立場に立って，著作権法の客体である著作物は，有体物とは異なる無体物であること，および，民法と著作権法との関係について，それぞれの法律の対象（客体）の区別を通じて，二つの法は，違う客体を支配する別個独立の関係にあることを，以下のように，説得的に説明している［上野「有体物と無体物」(2016) 4-5頁］。

> ここに一枚の絵画があるとしよう。この絵画は２つの側面を持つ。
>
> **(1) 有体物・無体物**
>
> 第１に，有体物の側面である。有体物とは，土地，建物，机のように，物質によって構成され，空間の一部を占有する有形的な存在である。絵画は，紙，キャンバス，絵具といった物質によって構成されるため，有体物の側面を有すると言えるのである。
>
> 第２に，無体物の側面である。無体物とは，アイディア，データ，音楽のように，物質によって構成されない無形的な存在である。絵画は，その映像をスクリーンに映し出したり，画集に印刷したりすることによって，もとの有体物から離れて存在しうるため，無体物の側面を有すると言えるのである［上野「有体物と無体物」(2016) 4頁］。

上野達弘の上記 (1) の説明は，非常に説得的であるが，無体物と有体物の区別の説明としては誤りであると，私は考えている。

なぜなら，例として挙げられた絵画は，原作品であっても，複製物であっても有体物であり，それらが，有体物と無体物の二つの側面を持つことはないからである。つまり，絵画が有体物と無体物の側面を持つという上野達弘の説明は，絵画の具体例（後に述べる，絵画の損傷，譲渡，焼却の例では，これらの絵画はすべて有体物であって，無体物ではない）を考えると，実は，意味不明なものとなっている。

上野達弘は，おそらく，「絵画の映像をスクリーンに映し出したものが無体物である」と言いたいのであろう。確かに，絵画の原作品（有体物）又は複製物（有体物）とは異なり，スクリーンに投影したものは，無体物である。しかし，スクリーンに映し出された映像は，無体物という一つの側面しか持たない。絵画の原作品（有体物）も，絵画の複製物（有体物）も，スクリーンに映し出された絵画の映像（無体物）も，有体物か無体物かのいずれかであり，それぞれが，有体物と無体物という二つの側面を持っているわけではない。

そもそも，絵画の制作という創作活動が公衆に伝達され鑑賞されるまでには，画家の頭の中にある著作（無体物）が，キャンバスという媒体に固定されることによって，原作品という有体物となり，それが，展示されたり，複製されたりして公衆に伝達されたり，または，原作品の複製物がスクリーンに投影されたりすることによって，著作者の創作（無体物）が公衆の頭の中に再現されて，創作が享受されるというプロセスを経るのである。

すなわち，著作物は，①創作（無体物）→②創作が媒体に固定化される（有体物）→③媒体から創作が再現される（無体物）というプロセスごとに，有体物か無体物か，いずれか一方に確定しているのであって，それぞれについて，有体物と無体物の二つの側面が存在するわけではない。もしも，それぞれに二つの側面があるのだとすれば，有体物である絵画の原作品も絵画の複製物も無体物の側面をも持つことになり，無体物と有体物の区別は雲散霧消してしまうことになる。

（2）所有権・著作権

所有権の客体は有体物である。所有権は「物」を客体とし（民206条），民法上，「物」とは「有体物をいう」（民85条）と定義されているからである。

これに対して，著作権の客体は無体物である。著作権は「著作物」を客体とし（著作21条以下），著作権法上，「著作物」とは「思想又は感情を創作的に表現したもの」（著作2条1項1号）と定義されているからである。

具体的には，著作物の「複製物」とは，画集や書籍など，印刷等により著作物を有形的に再製（著作2条1項15号）したものを意味し，有体物である。

また，著作物の「原作品」とは，著作者が最初に作成した絵画や彫刻等を意味し，これも有体物である［上野「有体物と無体物」（2016）4-5頁］。

上野達弘の上記（2）の解説も，非常に説得的であるため，「その通りである」と読み過ごしがちである。しかし，この記述も真実ではない。

なぜなら，著作権法25条は，上記において有体物であると解説されている「美術」や「未発行の写真」の著作物の「原作品」（有体物）を「公に展示する権利を専有する」としており，著作権は，無体物ばかりでなく，有体物をも客体としているからである。

そればかりでなく，著作権法26条の2第1項を読むと，著作権法は，上記において有体物であると解説されている著作物の「原作品」又は，「複製物」について，その「譲渡により公衆に提供する権利を専有する」と規定している。つまり，著作権の客体は，有体物の処分権にも及んでいるのであって，無体物だけを客体としているわけではない。

(3) 具体的帰結

このように，無体物である著作物は著作権の客体であり，有体物である原作品およびその複製物は所有権の客体である。こうした区別から，次のような帰結が導かれる。

第１に，他人の絵画を刃物で傷つけるなど，有体物の側面を毀損すれば所有権侵害になるが，これは無体物の側面を利用するものではないため著作権侵害にはならない。他方，インターネットに掲載されている絵画の映像をカラー印刷して販売するなど，無体物の側面を利用すれば著作権侵害になるが，これは有体物の側面を毀損するものではないため所有権侵害にはならない。

第２に，画家が絵画の所有権を譲渡すれば所有権は移転するが，これによって著作権が移転するわけではない。他方，画家が絵画の著作権を譲渡すれば著作権は移転するが，これによって所有権が移転するわけではない。

第３に，絵画を焼却するなど，有体物が滅失すれば，客体を喪失した所有権は消滅する。他方，絵画を焼却しても，無体物である著作物が滅失するわけではないため，これによって著作権が消滅するわけではない［上野「有体物と無体物」(2016) 5頁］。

2　上野達弘説（具体的帰結）に対する批判

上野達弘の上記 (3) の説明も説得力があり，著作権の学習者は，そのまま受け入れたくなるかもしれない。しかし，実は，これも真実ではない。

なぜなら，第１に，「他人の絵画を刃物で傷つける」ならば，有体物である絵画の所有者の権利を害するだけでなく，著作者は，絵画の原作品を「展示」したり，「譲渡」したりすることに支障が生じるのであり，著作者の有する展示権（著作権法25条），および，譲渡権（著作権法26条の2第1項）を害する結果となるからである。

第2に，上野達弘は，「画家が絵画の所有権を譲渡すれば所有権は移転するが，これによって著作権が移転するわけではない」と述べている。しかし，「絵画の所有権を移転する」という上野達弘の記述から，この絵画も，実は，無体物の側面を持たない，有体物であることがわかる。なぜなら，上野達弘の(1)の説明通り，所有権は有体物のみを客体とするからである。

そうだとすると，有体物である絵画に対して，無体物だけを客体とすると説明されている著作権はどのような効力を有するのであろうか。他人に譲渡された有体物に対して，無体物を客体とする著作権はいかなる性質によってこの有体物の新しい所有者に対してその効力を及ぼすことができるのであろうか。上野達弘は，この点については説明していない。原作品の譲渡が行われると，著作者の原作品に対する「譲渡権は消尽する」とされているのであるから（著作権法26条の2第2項），この点を含めて，新たな説明が必要となるはずである。

この点について，私の説のように，著作権の法的性質を固定化された著作物（有体物）の上に存在する，所有者の利用権の一部を制限する法定の「制限物権」だと考えるならば，絵画の所有権を移転した場合，制限物権である著作権は，移転された有体物の制限物権として，存続し続ける（負担として付着し続ける）ので，新しい所有者に対しても，複製権等を制限する効力を有することを説明することができる。

そもそも，所有権の効力には，換価・処分権，および，使用・収益権があり，このうち，使用・収益権は，所有者が他人に貸与すれば失われるが，換価・処分権が失われることはない。すなわち，所有権は，麻薬取締などの特別の理由がない限り，換価・処分権が失われることはない。したがって，著作権の付着した著作物を他人に譲渡することは，所有者の固有の権利であり，著作権によって奪われることがない。著作者の第一譲渡によって，著作物の譲受人に対する著作者の譲渡権が消尽する（著作権法26条の2第2項）という現象についても，ごく当然のこととして，容易に説明できるのである。

第3に，上野達弘は，「絵画を焼却しても，無体物である著作物が滅失するわけではない」としている（[中山「平成30年度著作権法改正」(2019) 20頁] も同旨)。

しかし，例えば，有体物である絵画が，未公表の原作品であって，何らの複製もなされていなかったとしよう。

そうすると，その絵画を焼却するなど，有体物が滅失してしまうと，無体物を証明するものもすべてなくなってしまう。たとえ，著作者が同じ絵画を再制作したとしても，それは，焼却した絵画とは別の著作物であり，焼却によってすべての証明手段を失った著作権も消滅すると考えるのが現実に即していると思われる。

3　著作権法に関する現在の通説の破綻

以上，著作権法の通説的見解を詳細に検討することを通じて，現在の著作権法の通説は，著作権の客体としての著作物を無体物に限定し，無体物には民法の物権法は適用できず，著作権という無体物を全面的に支配する（専有する）権利であると考えていることがわかる。

そして，無体物には民法の物権法が適用されないことから，著作権法を民法とは別個の客体を支配する別個・独立の法であると考え，したがって，所有権侵害と著作権侵害とはまったく異なるものであると考えて，著作権法の独自の体系を構成することを試みてきたのである。

しかし，この試みは，著作権法が無体物だけでなく，有体物に関して，所有者の展示権，特に，処分権としての譲渡権を規制していることによって，ほころびが生じ，しかも，所有者の譲渡権の規制に関しては，第一譲渡後は，譲渡権が消滅するという現象を体系的に理論づけることができないことによって破綻を招いているのである。

第3節　新しい著作権学説による著作物の考え方

1　著作物の創作から享受までのプロセス

先に述べたように，著作物が文化の発展に寄与する過程を分析すると，第1に，思想又は感情を創作的に表現するという創作活動（著作）があり，第2に，思想又は感情の創作を公衆が享受できるように，キャンバスに固定化したり（絵画），音を固定化したり（レコード等），さらには，大量に複製したりする（書籍等）ことを通じて，創作が媒体に固定化されて著作物（有体物）となり，第3に，その媒体に固定化された表現を再現する行為（展示，実演，公衆送信，映画）があり，第4に，公衆が再現された創作を利用するという過程を通じて，創作者の思想又は感情の創作的表現が公衆に享受さ

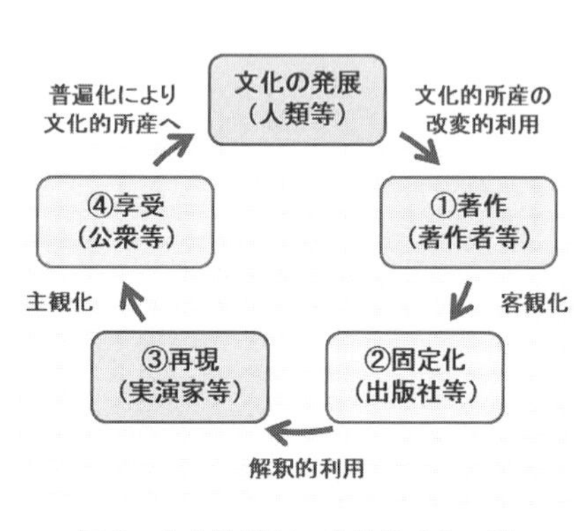

図3　文化的所産の利用サイクル説
（主体の行為中心）

れるという，四つのプロセスを経て，最後にそれが，文化の発展につながっていることがわかる。

このようにして，本書が明らかにした，①著作（主体は著作者）から始まり，②著作の固定化としての著作物の製作（主体は出版社，レコード会社等），③固定化された著作物の再現（主体は実演家，放送事業者など），④著作が公衆に享受され（主体は利用者である公衆），そのことを通じて，著作権法の目的である文化の発展につながるという著作物をめぐる循環的なプロセスが明確となったと思われる。

このプロセスの各段階に応じて権利と義務の主体を明らかにし，それぞれの主体をどのように保護すべきかを規定するのが著作権法の役割なのである。

2　著作と著作物との区別

以上の著作から享受に至るプロセスの中で，公衆が創作者の思想又は感情の創作的表現を何度でも繰り返し享受したり，創作性等について争いがあった場合に証拠として採用することができたりするのは，創作が媒体に固定化された有体物である。

したがって，著作権法がその客体として保護すべきは，創作が固定化された有体物である。言い換えれば，著作者の頭の中に存在したり，スクリーンで投影されたり，演奏されたりして，すぐに消えてしまい，証拠として提出することも，繰り返し享受することもできない無体物は著作権法の主要な客体とはなり得ない。

従来の著作権法の一致した学説によれば，著作物とは無体物であり，それだからこそ，著作権法学説は，有体物のみを支配する民法の物権法から分離・独立することができると考えられてきた。

しかし，著作権法学説の原点ともいうべき，［山本・著作権法

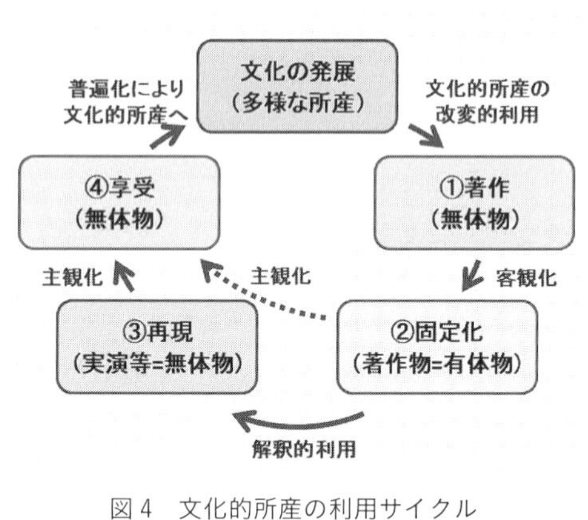

図4　文化的所産の利用サイクル
（固定化中心）

(1969) 36頁］は，著作物の考察において，有体物と無体物とを区別せず，著作物の要件として，固定化を要求していた［山本・著作権法(1969) 34頁］。この考え方は，決して古い考え方ではなく，最も先進的な著作権法といわれている，米国連邦著作権法102条(a)において，保護される著作物の要件として，固定化を要求しているのと，同じ考え方である。

本書も，著作者が頭の中で「思想又は感情の創作的表現」を着想した時，それが無体物であることを争うものではない。しかし，著作者の頭の中にある無体物は，刻々と変化し，流動的な状態にあるため，これを他人が繰り返し再現して理解したり，ましてや，流通に置いたりすることはできない。著作者の頭の中にある「思想又は感情の創作的表現」は，何らかの媒体（書籍，キャンバス，楽譜，レコード，CD，コンピュータの電磁的記録媒体など）に固定化され，客観化されてはじめて，第三者が繰り返し再現することによって理解することが可能となるのである。

また，著作権侵害が問題となった場合でも，証拠として提出できるのは，固定化された著作物のみである。

以上の考察を表にまとめるとともに，関連する問題を整理すると以下の表のようになる。

	論点	山本桂一説	中山信弘説	新説
著作物とは何か	無体物か有体物か？	無体物，有体物を含む	無体物に限る	創作という無体物が固定化されたもの（有体物）
著作権の法的性質	所有権類似の支配権か？	支配権ではなく利用権に過ぎない。	無体物の支配権（有体物とは無関係）	法定の制限物権（用益物権）。したがって，所有権と併存する
	利用権に過ぎないか？		利用権だけでなく，譲渡権に及ぶ（ただし消尽理論を併用）	所有者のフェア・ユースによって制限される利用権に過ぎない
著作権侵害の定義と要件	定義なしでよいか？	民法（不法行為）とは，別の定義が必要	定義を民法（不法行為）に丸投げ	著作権侵害を不公正利用として定義すべき
	登録なしでよいか？	登録は不要	侵害を問うにも登録は不要	侵害を問うには登録が必要とすべき。

創作を固定化なしに著作物と認めることの弊害は，著作権侵害訴訟を不安定なものとすること，および，例えば，口頭の講演があったとの証拠によって，それを聞いたことがない独立の著作者が，不意打ち的に著作権侵害訴訟に巻き込まれるおそれがあることである。

著作物が爆発的に増加し，かつ，著作権侵害の厳罰化が進行している現在においては，言いがかり訴訟や不意打ち訴訟を防止するためにも，米国連邦著作権法411条（a）のように，著作権侵害を問いたい著作者は，その著作権を登録することによってのみ，著作権侵害訴訟を提起することができるとする制度へと移行することが望ましいと，私は考えている。

3　著作，著作物，著作者，著作権，著作権侵害の定義

以上の考察を通じて，著作権法における，著作（無体物），著作物（有体物），著作権の定義は，以下のようにするのが適切であると思われる。

著作：思想又は感情を創作的に表現したもの（無体物）。文芸，学術，美術又は音楽の範囲に属するものを含む。
著作物：著作を繰り返し享受できるように固定化した物（有体物）。美術の原作品，複製物，書籍，商業用レコード，公衆送信を録音又は録画した物等を含む。
著作者：思想又は感情を創作的に表現した主体。責任主体（生成AIの開発事業者，供給事業者等）が生成AIの保証人として存在する場合の生成AIを含む。
著作権：著作物の上に存する所有権について，その利用に関する権能を，フェア・ユース（公正な利用）に制限する物権（法定用益物権）。
著作権侵害：著作物上に存在する著作権（法定用益物権）を侵害して著作物を不公正に利用する行為。著作権侵害が証明された場合，著作権登録を行っている被害者には，国家又は補償基金（[栗田「AIと人格」（2018）220頁］参照）から補償が行われる。なお，著作権法違反に関する罰則は，著作権侵害の定義が明確となるまで停止される。

第 2 章

創作できるのは人間だけであるとの思い込み

第 1 節　生成 AI の出現の衝撃

ChatGPT などの生成 AI に関する話題がマスメディア（新聞，テレビなど）で大きく取り上げられることが多くなっている。

ChatGPT は，2022 年 11 月 30 日に OpenAI という会社によって公開された。驚くべきことに，ChatGPT は，公開から 5 日で 100 万人のユーザを獲得し，2 カ月で 1 億人のユーザを獲得するという人気ぶりである。

魅力のポイントは，ChatGPT に対して，自然言語（100 か国以上の言語に対応している）で質問すると，専門分野の種類を問わず，その質問に対する回答を滑らかな自然言語で返してくれるという点にある。回答のレベルも，2023 年 3 月 14 日にバージョンアップされた GPT-4 になると，医師試験，MBA 試験，司法試験の合格ラインを突破しているとの報道もあり，専門家もうかうかしておれない状況となっている。

最近では，ChatGPT 以外にも，Perplexity，Copilot，Gemini，Cloude などの特色のある生成 AI が出現している。

これらの生成 AI に対して，学生の利用禁止を含めて過激に対応したのが教育界である。学生が，生成 AI を使い始めると，従来のようなレポート試験は意味がなくなる。遠隔講義の場合には，生成

AIを使わせないようにするための対策を含めて，遠隔での試験も困難になる。本当の実力を見るには，口頭試問しか方法がなくなるという危険性が生じているからである。そればかりではない。学生たちが，生成AIを駆使するようになると，教員自身の講義での質疑よりも，生成AIと学生との対話の方が，学生本位の質疑応答を実現することができるばかりでなく，教員よりもレベルの高い回答や教育効果を実現してしまうというおそれがあるからである。

それでも，生成AIの初期の段階であるGPT3.5の場合には，質問に対して間違った回答が散見されていたため，教員たちは胸をなでおろすことができた。しかし，2023年3月14日にGPT-4が公表されると，回答の間違いがかなり少なくなり，回答のレベルも専門家が舌を巻くほどに上がってきている（もっとも，現在の生成AIにおいても，生成AIは，依然としてハルシネーション（幻覚）という，人間にとって嘘か本当かを判断するのがむつかしい嘘を平気で出力するので，生成AIの出力結果を検証するという注意が必要であることに変わりはない）。

このように，生成AIの普及は，ホワイトカラーといわれる人々，さらには，次世代を育てるべき大学教員を含めて，学校教育における教員の大量失業の時代が迫りつつあることを実感するに十分なインパクトを与えているのである。

第2節　人間だけが有する能力とされてきた自然言語を操る生成AI

人間とコンピュータとのやり取りで障害となっていたのは，自然言語でのやり取りができないことにあった。従来は，コンピュータとやり取りをしようと思えば，機械語とか，プログラミング言語を習得する必要があり，データベースを呼び出すには，論理的な用語を使用する必要があった。つまり，コンピュータを駆使するための敷居は，非常に高かったのである。

この障害を乗り越えたのが，ChatGPT 等の生成 AI であり，その影響力は非常に大きい。

私たちが AI の発展を驚異の目で見てきた事例としては，人間の知能の高さを競うものと考えられてきたチェスの対戦において，人間のチェスの名人（カスパロフ氏）を AI（IBM の Deep Blue）が打ち破った例（1997 年）が最初であろう。

続いて，さらに高度な知性のぶつかり合いであるとみなされてきた囲碁の対局において，人間の世界的な名人（李世乭）を AI（Google DeepMind が開発した AlphaGo）が破った例（2016 年）とか，将棋の名人（佐藤天彦叡王）を AI（Ponanza）が破った例（2017 年）とかは，世間に動揺を巻き起こした。

私たちは，たとえ，工場労働において，生産ラインが自動化されて多くの労働者が不要とされても，その人々が，産業の発展に即して，他の職業に移る余地が残されていると考えて，安心することができた。しかし，知能が必要とされてきた銀行業務などの知的職業において，AI がより効率的な仕事をこなすようになって，大量の人員が解雇される事態が生じると，人間は，恐怖を感じざるを得ない。なぜなら，解雇された人々が，他のスキルを学び直して，別の職場を見つけたとしても，その職場の知的労働自体が，その時点で AI によって代替されている危険性が大きいからである［ブレグマン・隷属なき道（2017）199 頁］。

それでもなお，これまでの AI は，活用の分野が特定の範囲に限られていたため，その他の分野の人々は安心することができた。しかし，今回の ChatGPT 等の生成 AI は，活用の範囲が無制限である。つまり，どんな分野，どんな問題について問いかけをしても，生成AIは，人間，しかも，その分野の専門家に勝るとも劣らない回答を行うことが可能となる。すなわち，どんな分野の問いにも答えることができるという点で，生成AIは，特定分野の専門家の専門的能力さえも超える存在となりうるという恐ろしさを秘めているのである。

第3節　自然言語で指令すると生成AIは絵画も作成できる

ChatGPTは，文章を生成することに特化されているが，ChatGPT以外の生成AIにおいては，画像（写真，イラストなど）や，作詞，作曲をして，演奏までしてくれるものまで存在する。

第1に，画像の生成については，以下のようなサービスが存在する。

Microsoftの Web閲覧ソフト Edgeを利用している人は，画面の右上に出てくる右のようなLogoをクリックすると，右隅に縦長の表示が現れる。

その表示の中から，Image Creatorのロゴをクリックして，望んでいる画像を文章で入力すると，すぐに画像を生成してくれる。例えば，「**加賀山茂（76歳）が，枠なしの眼鏡をかけて，ネクタイをして，ブルー系統のスーツを着ている，おしゃれなイラストを描いてほしい**」という文章（プロンプト）を入力すると，左のようなイラストを描いてくれる。

図5　生成AIのイラスト例（1）

プロンプトの表現を変えると，全く異なるイラストを次々と描いてくれるので，気に入ったイラストが生成された段階で，保存しておけば，いろいろな場面でこのようなイラストを活用することが可能になる。

最近，宮崎駿監督のアニメ『君たちはどう生きるか』が公開され

図６　生成 AI の イラスト例（2）

た。題名に利用された吉野源三郎『君たちはどう生きるか』岩波文庫（1982）を読んでみると，リンゴが地上に落下することと，月が落下してこないことの対比から，ニュートンが万有引力の法則を発見するという文章が出てくる。そこで，「**ニュートンがリンゴと月の対比から万有引力の法則を発見した瞬間をイラストで描いてほしい。**」というプロンプトを入力したところ，右のようなイラストを作成してくれた。もちろん，出来はあまりよくないが，画像を修正するソフトを利用すれば，満足できる作品を作成することも困難ではないと思われる。

第２に，楽曲の生成については，以下の記事が代表的なサービスを紹介している。

・岡田康佑「人工知能が音楽を作る時代がきた！作詞・作曲・歌唱 AI の実力とは？」東京大学新聞（2020/9/11）（https://dot.asahi.com/todaishimbun/2020090800048.html）

人間が音楽の演奏をする場合，すでにある楽曲を演奏することは，練習次第で可能となる。しかし，ある場所で，その場の環境に合わせて，即興曲を作曲して演奏するということは，至難の業である。しかし，生成 AI であれば，そのうち，プロンプトに従った即興曲を作曲し，それを自動演奏することも可能となると思われる。プロの作曲家や演奏家も，うかうかしておれない時代が始まりつつあるといえよう。

第４節　人間と AI が協力して文化を発展させる時代の到来

ChatGPT 等の生成 AI は，インターネットで公開されているあらゆる情報を収集して大言語モデル（LLM）を作り上げ，自然言語で質問する人間の質問に対して，自然言語で答えることができるように深層学習を重ねて，人間の具体的な質問に対して確率的・統計的にもっともらしい回答をすることができるようにした変換装置である。

これらの生成AIを利用することによって，人間は，問題解決に必要なデータの検索，翻訳，要約を効率的に行うことができる上に，これを利用する人間の知的レベルを向上させることができるというメリットを有している。

ただし，使い方によっては，これらの生成AIの生成物が，プライバシーを侵害したり，名誉を棄損したり，著作権を侵害したりするおそれがあり，利用者の側では，そのような問題が生じないように，入力時と利用時に最大限の注意をすることが必要である。また，生成AIの開発者は，プライバシーの侵害が生じるおそれのあるデータの利用については，従来のオプトアウト方式からオプトイン方式へと移行することを通じて，第三者の権利が侵害されないような最大限の努力をする義務を負うと考えるべきであろう。

図7　生成AIのイラスト例（3）
powered by DALL・E3

生成AIが発達し，すべての人がこれらの装置を普通に利用する時代が到来すれば，これらの装置が生成する作品よりも創作性の高いものだけが，著作物として認められるようになると思われる。その際には，著作物が創作性を有するかどうかを判断するためにも，また，著作権侵害の有無を判断するためにも，著作権を主張する要件として登録制の移行が生じる等，著作権法に根本的な変化が生じるように思われる。

さらには，生成AIを巧妙な入力によって，創造的な作品の生成に寄与した質問者と生成AIの開発業者等との共同著作が認められるようになることも予想される。いずれにしても，次世代の人々は，AI と共存することになろう。

生成 AI が生成する作品の著作者は誰かという点を含めて，人間以外の存在が，著作者になり得るかどうかという点から，学説を比較すると，以下のようになる。

	論点	山本桂一説	中山信弘説	新説
AI が生成する作品の著作者	アイディアの着想者の扱い	著作者ではない	人の手が入っていればよい	表現主体に限る
	表現者は人間だけか	人間が前提	人間に限る	代理人（責任主体）がいれば AI でもよい

最後に，次節（生成 AI 生成物の著作者が生成 AI のユーザとなるための条件）への橋渡しを兼ねて，生成 AI の法的性質について，若干の考察をしておくことにする。

先に私がアイディアを出して，生成 AI にプロンプトで指令して描いてもらったイラストは，人間である私の表現力をはるかに超えていることを認めざるを得ない。

私の自画像としてのイラスト，ニュートンが万有引力を発見した時を想像したイラスト，子どもたちが AI ロボットと共存する近未来のイラストなど，生成 AI は，私の能力を超えた創造的な表現を実現している。すなわち，生成 AI は，私の単なるアイディアを私の「思想又は感情の創作的表現」へと具現化してくれているのである。

したがって，SF の世界だけでなく，現実の世界としても，人間が単純なアイディアであっても，そのアイディアをプロンプトによって与えると，生成 AI は，その人の「思想又は感情を創作的に表現できる」主体となっていることがわかる。

現在の段階では，解釈論として，生成 AI に一般論として法的人格を与えることはできない［栗田「AI と人格」(2018) 208 頁］。しかし，著作権法の客体である「思想又は感情の創作的表現」に関しては，生成 AI は，人間の単なる道具ではなく，現実世界の現象だけでなく，被写体のない想像上のアイディアを含めて，それらを創造的に表現する能力をすでに獲得しており，少なくとも，著作権法上は，「創作的表現」の主体としての地位を獲得していると考えるべきであろう。

第５節　生成 AI の作品の著作者が生成 AI のユーザとなるための条件

著作者は，著作物を現実に作成した者であるというのが，著作権法の原則である（創作者主義）。しかし，この原則には，唯一の例外がある。それが，職務著作（著作権法 15 条）であり，例えば，会社の従業員が職務上著作物を作成した場合，一定の条件（後述）の下で，その会社が著作者になるという制度である［島並＝上野＝横山・著作権法入門（2021）82 頁］。この場合，創作的表現をしたのは，従業員であり，会社は創作的表現をしていないにもかかわらず，著作者となる。反対に，創作的表現をした従業員は，著作者から脱落する。

この制度は，法人だけでなく，自然人の場合にも適用される。例えば，政治家がその私設秘書に演説原稿を作成させる場合にも，職務著作が成立する［島並＝上野＝横山・著作権法入門（2021）101 頁］。

私は，「特許ニュース」2024 年 8 月 15 日号（1-8 頁）において，生成AIが生成した作品について，プロンプトを入力した人間が，現行著作権法上，著作者になりうる唯一の方法は，生成AIを派遣労働者と類推して，職務著作（著作権法15条）の制度を活用する方法であるとの論文「生成AIと契約上の問題」を公表しているので，その考え方を以下に述べることにする。

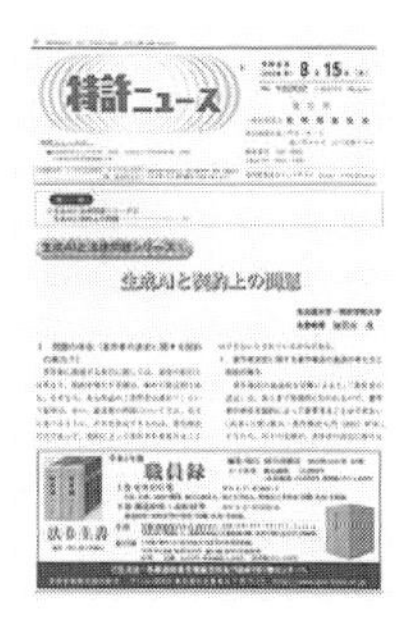
特許ニュース
生成AIと契約上の問題
職員録

1　職務著作の要件の検討

生成AIが生成した作品について，生成AIを生成AIの開発会社から派遣された労働者と類似していること（この点については，後に詳しく検討する）を根拠に，ユーザの指揮監督の下で作成された職務著作（著作権法15条）と認められるのではないかというのが，この第5節のテーマである。

一般的に，職務著作として認められる要件は，以下の5項目であるとされている。

①法人等の発意，②業務に従事する者，③職務上作成すること，④公表名義，⑤別段の定めがないこと。

①　法人等の発意

「法人等の発意」のうち，「法人その他使用者」には，法人のみならず，先に述べたように，自然人も含まれる。例えば，政治家がその私設秘書に演説原稿を作成させる場合にも，職務著作が成立する。

また，発意については，法人等の著作物の作成を企画して従業員に作成を命じた場合のみならず，逆に，従業員がアイディアを出して，上司の承諾を得た上で著作物を作成したという場合も，法人等の発意に基づくものと考えられている［島並＝上野＝横山・著作権法入門（2021）101頁］ので，生成AIのユーザが生成AIにプロンプトで生成を促すことは，ユーザの発意と解される。

②　業務に従事する者

「業務に従事する者」については，雇用契約に限らず，派遣契約，請負，委任契約等，実質的な「指揮監督関係」が存在すればよい（［岡村・著作権法（2021）117頁］，［茶園・著作権法（2021）68頁］，［半田・著作権法概説（2015）66頁］）とされている。なお，最判平15・4・11判時1822号133頁（RGBアドベンチャー事件）は，「法人等と雇用関係にある者がこれに当たることは明らかであるが，雇用関係の存否が争われた場合には，同項の『法人等の業務に従事する者』に当たるか否かは，法人等と著作物を作成した者との関係を実質的にみたときに，法人等の指揮監督下において労務を提供するという実態にあり，法人等がその者に対して支払う金銭が労務提供の対価であると評価できるかどうかを，業務態様，指揮監督の有無，対価の額及び支払方法等に関する具体的事情を総合的に考慮して，判断すべきものと解するのが相当である」と判示している。

③　職務上作成すること

「職務上作成すること」については，生成AIによって生成した作品は，ユーザのプロンプトに従って作品を生成していることが明らかであるから，「指揮命令に従って作品を生成したものであること」という要件はクリアされている。

④　公表名義

「公表名義」については，著作者としての表示があることが必要とされている（［島並＝上野＝横山・著作権法入門（2021）106頁］）。

したがって，生成AIが生成した作品について，ユーザが著作者としての表示をしない場合には，職務著作ではなくなる。その場合には，一般原則に従って，生成AIが生成した作品の著作権はパブリックドメインに帰属することになる。

これに対して，ユーザが著作者としての表示をした場合には，職務著作は，当事者の一方が「主体として公表する著作物について，社会的責任を負う代償として著作者の地位を獲得する制度」（[島並＝上野＝横山・著作権法入門（2021）107頁]）であるため，創作的表現をした生成AIに代わって，プロンプトによって指揮監督を行ったユーザが著作者としての地位を獲得することになると考えられる。

⑤　別段の定めがないこと

「別段の定めがないこと」については，生成AIが生成する作品の場合，生成AIの開発事業者は，自らが開発した生成AIを使ってユーザが作成する作品について，自らの権利を主張しないこと，ユーザにすべての権利・義務が帰属することを利用規約で明確にしている。したがって，生成AIを利用したことを明記した上で，ユーザが著作者であることを公表した場合には，別段の定めはないとして，ユーザに職務著作が認められることになろう。

2　生成AIを開発業者の派遣社員と類推することは可能か

職務著作の要件の検討を通じて，著作者は，法人だけでなくても，個人でもよいことから，当事者の一方である生成AIのユーザが職務著作の著作者としての資格を有することが明らかとなった。問題は，職務著作の著作物の当事者は，原則として使用者と労働者であることが必要とされていることである。

確かに，先に述べた学説［半田・著作権法概説（2015）66頁等］

や，判例（最判平15・4・11判時1822号133頁（RGBアドベンチャー事件）等）によって，両当事者の関係は，厳密な雇用契約上の関係でなくても，ユーザの相手方が，ユーザの指揮監督下において労務を提供するという実態があればよいとされている。しかし，この場合においても，ユーザの指揮監督下にある者としては，人間が前提とされており，生成AIをユーザの指揮監督下にある者と類推（擬制）できるかどうかが問題となる。

確かに，著作権法は，人間だけが創作的表現ができるという前提のもとに成り立っている。しかし，そうだからこそ，**その裏返しとして**，ユーザのアイディアに従って創作的表現ができる存在，すなわち，**ユーザの能力と同等**，**または**，**ユーザの能力を超える表現力を有する**という点で，**道具とはみなされない存在については**，少なくとも，職務著作に関しては，生成AIの開発業者とユーザの間の利用契約を通じて，**その存在（生成AI）をユーザの指揮監督にある派遣労働者と類推（擬制）することが**，**著作権法の趣旨にむしろ合致する**と思われる。

これまで，機械を労働者と同様に扱うことはできないとされてきた。工業用ロボットは，人間ができることを短時間かつ正確になしうる。しかし，そのレベルでは，機械を労働者と同等に扱うことはできなかった。しかし，近未来のAIロボットは，運転免許を持たない人以上の能力でもって自動運転をすることができるようになるであろう。さらには，人間の能力を超える多言語同時通訳ロボットも出現するであろう。そのようなAIロボットが人間と協力して仕事をこなすような近未来社会において，AIロボットを労働者と同様に扱う，少なくとも，職務著作の労働者と同等の存在として受け入れることが，著作権法の改正が思うように進まないという現状にあるからこそ，解釈論のレベルで必要とされていると，私は考えている。

3　生成 AI の利用規約の新しい解釈

多くの生成 AI 開発事業者の利用規約において，生成 AI が生成した著作物について，ユーザが著作権等の権利を取得すると規定されている（例えば，［Open AI 利用規約］，［Adobe 基本利用条件］等を参照）。

しかし，誰が著作者であるかは，著作権法のみが決定できるのであって（［島並＝上野＝横山・著作権法入門（2021）87 頁］，［中山・著作権法（2023）246 頁］），生成 AI の開発事業者といえども，誰が著作者であるかを決定できないのであるから，これらの規約は，これまでの著作権法の考え方に立った場合には，無意味な規定ということになりかねない。

しかし，本書のような立場に立つならば，著作権法の解釈を通じて，生成 AI 開発事業者の利用契約において，著作権法 15 条 1 項の「別段の定め」を定めないことを通じて，ユーザを職務著作による著作者としての地位を与える可能性が生じうる。

第3章

著作権を所有権と対比して異同を探求したことの誤り

第1節　旧法から現行法へ移行する過渡期の学説（山本桂一説）

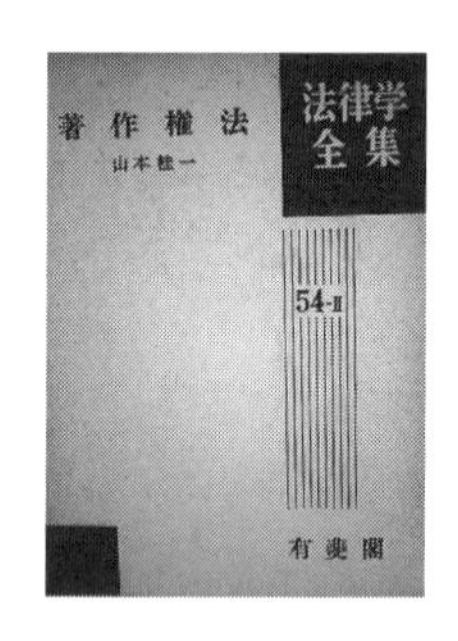

著作権法の学説は，現在では，無体物を支配する権利として，著作権について，有体物を支配する所有権と対比して考察することが一般的である。

しかし，過去においては，著作権を有体物の利用権であるとしたうえで，民法の用益物権と対比して考える学説が存在していた。それが，［山本・著作権法（1969）36頁］であり，以下の主張を行っていた。

1　著作権は，有体物に対する経済的利用の支配権である。

著作者の著作物支配ということを考えなおすと，有体物としての著作物が著作者の手を離れた場合，ことにその所有権が移った場合でも，著作権者がこれを複製利用しうるという限りにおいては，なお観念的にその著作物の上に排他的支配を及ぼしていると表現することが可能である。

すなわち外国で著作権者は，著作物の上に無形所有をもつということがいわれることは，このように有体物が他人の手にあってもなお著作権者の観念的支配に属しているということにほかならない。

すなわち著作権の内容である支配は，有体物の現実的支配ではなく，その複製，すなわち経済的利用であるから，その有体物が現実に何人の手にあっても，少しも害されるものではない。

すなわち著作物は，有体物であるとすることは，著作権が無体財産権であることに少しも矛盾しないのである。

2　ただし，著作権を用益物権（制限物権）とすることはできない。

所有権者本人が所有物の上に自身地上権・永小作権・地役権をもつというようなことは考えられず，これらの権利は，所有者が他人に所有物の利用を許諾して，初めて法律的に意味をもつことになる［山本・著作権法（1969）83頁］。

これらの記述のうち，1については，現在の通説とは異なるが，まさに正当である。しかし，2については，本書の執筆時点では正しいのだが，現在では状況が変化している。なぜなら，地上権を含む借地権については，制限付きとはいえ，自己借地権という制度が認められるに至っているからである（借地借家法15条1項）。

つまり，現在では，理論上は，他人に所有物を利用させる前に，自己のために借地権（地上権を含む）を設定することができるようになっている。

しかも，著作権は，法によって著作者に原始的に付与される用益物権なのだから，著作権の法的性質について，法が著作者のために与えた特別の自己用益物権と位置づけることは，解釈論の範囲内でも可能だと思われる。

上記の記述［山本・著作権法（1969）83頁］のうち，特に，2の記述によって，わが国の著作権法が，著作権の用益物権説への発展の道を歩むことを阻害することになったとしたら，残念なことである。

第２節　現行著作権法の通説の考え方（中山信弘説）

中山信弘の著作権法学説の特色は，著作権とは，「情報の利用の排他権」であるとし，そのような「情報利用の排他権」を著作者に与えている点にある［中山･著作権法（2023）302 頁］。

そして，以下の３点を挙げて，無体物の利用の排他権である著作権は，有体物の排他権である所有権とは異なることを強調している。

第１に，中山信弘は，「著作権は所有権の概念を借用しているが，その対象の相違〔著作権の対象は無体物，所有権の対象は有体物〕から，両者の間には大きな相違点もある。具体的には，まず存続期間を挙げることができる。所有権はその物が滅失しない限り永久に存続する。…それに対して，著作権は存続期間が存在」するという点を強調する［中山・著作権法（2023）303 頁］

しかし，著作権を民法の所有権と対比している点がそもそもの誤りである。中山信弘は，著作権とは，「情報利用の排他権」だとしているのであるから，民法の中で対比すべきは，地上権，永小作権，地役権等の用益物権でなければならない。これらの用益物権は，所有権と異なり，存続期間が規定されている（民法 268 条（地上権の存続期間），民法 278 条（永小作権の存続期間），民法 291 条（地役権の消滅時効））。したがって，中山信弘の上記の記述は意味をなさない。

第２に，中山信弘は，「所有権は，無主物先占，加工，附合，時効取得によって原始的に発生するのに対し，著作権は創作行為により当然に権利が発生し，創作者に原始的に帰属する。」［中山・著作権法（2023）303 頁〕ことを強調している。

しかし，民法は，既に存在する有体物について，それらの物の所有権が原始取得される場合を列挙しており，いずれも，所有権を取得する者の行為に注目して規定している。著作権法も，著作物を創作する者の行為に着目して，著作権が原始取得される場合を規定しているのであって，規定の仕方は共通である。

第３に，中山信弘は，「所有権と著作権とのもう一つの大きな相違点は，人格権にある。物には精神的要素がないが，著作物は創作者の人格の発露として捉えられており，著作権法においては人格権が重要な要素となっている」〔中山・著作権法（2023）303 頁〕と述べている。

しかし，この点についても，以下のように反論することができる。すなわち，著作物を無体物と考える場合であっても，著作者が「思想又は感情の創作的表現」を固定した瞬間に，著作者と著作物は別個の存在となる。したがって，他人が著作物の内容について批判したり，中傷したりしても，著作物に人格がない以上，人格権侵害は生じない。著作物の内容を中傷することを通じて，著作者の人格が攻撃された場合に，人格権侵害が生じるのである。

なお，著作者人格権がわが国において過剰に保護されていること，および，その弊害と是正策については，第５章（著作権法が文化の発展を阻害するという誤り）第１節（世界に例を見ない著作者人格権の過保護）で詳しく論じる。

第３節　新しい著作権学説による著作物，および，著作権の考え方

従来の著作権法の学説は，すべて，著作権を「無体物」の利用を支配する排他権であると考えていることはすでに述べた通りであ

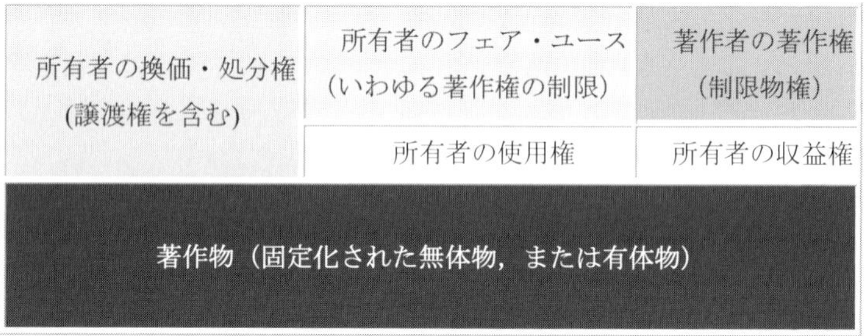

所有者の換価・処分権（譲渡権を含む）
所有者のフェア・ユース（いわゆる著作権の制限）
著作者の著作権（制限物権）
所有者の使用権
所有者の収益権
著作物（固定化された無体物，または有体物）

図8　著作権の制限物権説

る。しかし，本書の見解は，これとは異なり，著作権は，著作，および，著作の享受を促進するために，著作を固定化した「有体物である著作物」の利用を「公正な利用」だけに制限する制限物権であると考えている。

もっとも，本書も，著作者が行う著作が無体物であること，固定化された著作である著作物を享受する公衆の頭の中で再現されるものが無体物であることは認めている。しかし，創作を公衆が享受することを通じて文化の発展に寄与しているのは，著作を固定化した著作物であり，著作権は，固定化された著作物を客体としているのである。

したがって，本書においては，著作権法の法的性質を，固定化された著作物を取得した所有者に対して，その利用を公正な利用に制限する用益物権としている。

このように考えることによって，第1に，従来の学説が，「所有権と著作権との間の調整問題」として無理な解釈をしてきた，著作権法25条（展示権）と45条（美術の著作物の原作品の所有者による展示）との間の矛盾は，著作物の「公正な利用」の問題として矛盾が解消されることになる。

第2に，従来の学説が，著作権法26条の2第2項について，著作者の譲渡権の消尽論として無理な解釈論を展開してきた難解とされる問題も，そもそも，著作権法は，所有者の処分権を制限するものではなく，不公正な利用方法を制限する制限物権に過ぎないのであるから，著作権法は，公正な利用によって取得した所有者に対して，譲渡権を制限するものではないと考えることによって，著作権法26条の2第1項と第2項との関係も矛盾なく説明できるようになるのである。

	論点	山本桂一説	中山信弘説	新説
著作権の法的性質	所有権類似の支配権か？	支配権ではなく利用権に過ぎない。	無体物の支配権（有体物とは無関係）	法定の制限物権（用益物権）。したがって，所有権と併存する
	利用権に過ぎないか？		利用権だけでなく，譲渡権に及ぶ（ただし消尽理論を併用）	所有者のフェア・ユースによって制限される利用権に過ぎない

第 *4* 章

著作権侵害の定義なしに「依拠」を制裁するという誤り

第1節　「権利侵害」の定義なしで制裁を加える著作権法の異常

驚くべきことであるが，「どのような場合に著作権法上の権利侵害となるのか，著作権法には，これについて明示する条文はない」ことを，著作権法学説は認めている［島並＝上野＝横山・著作権法入門（2021）304頁］。

無体物を客体とするという理由で，有体物のみを客体とする民法の所有権法から分離・独立を果たした著作権法学説であるが，著作権侵害については，著作権法でその定義をすることを放置し，民法の不法行為法と不当利得法に依存することを是認しているのである。

確かに，民法の債権法の一部を占める不法行為法，不当利得法は，その対象を有体物に限定せず，財産権一般を対象としている。しかし，民法の総論である民法総則では，「この法律において，『物』とは有体物をいう。」（民法85条）と規定しているのであるから，民法からの分離・独立を志向する著作権法学説においては，著作権法の重要な部分を占める「著作権侵害」について，明文の規定を置くことを目指すべきである。

この点について，著作権の旧法と現行法との境目に出版された

［山本・著作権法（1969）］においては，以下のように，著作権侵害と民法の不法行為法との違いを指摘して，著作権法は，「偽作（権利侵害）」の定義をすべきであると主張していた。

> 著作権侵害は，所有権侵害などと異なり，侵害の対象が有形物でないため〔無断複製という有体物を傷つけない行為なので〕，その侵害の態様及び範囲は，不明確な場合が多く，他方，偽作〔著作権侵害〕は，しばしば自由競争の一種として偽作者に何らの罪悪感も違法意識もなしに行なわれることも多く，従って一般の不法行為や犯罪と同視しえない点が少なくない［山本・著作権法（1969）138頁］。

	論点	山本桂一説	中山信弘説	新説
著作権侵害の定義と要件	定義なしでよいか？	民法（不法行為）とは，別の定義が必要	定義を民法（不法行為）に丸投げ	著作権侵害を「不公正な利用」として定義すべき
	登録なしでよいか？	登録は不要	侵害を問うにも登録は不要	侵害を問うには登録が必要

第2節　著作権法の罰則規定は罪刑法定主義に反している

著作権法において，「著作権侵害」の定義がないことは，単に民事上の問題を引き起こしているばかりでなく，刑事上においても，重大な問題を引き起こしている。

著作権法が，「著作権侵害」の明文の定義規定を置かないままで，著作権侵害を刑罰で罰することは，罪刑法定主義（明文の規定なしに，人を罰してはならない）という，基本的人権にかかわる大原則に違背しており，看過することはできない。

これまで，著作権法の規定には，多くの矛盾が存在することを述べてきたが，「保護されるべき著作物は何か」という創作性の基準（なんらかの個性が現れていれば保護されるという緩い基準）と，明文の規定を置かないままで，「著作権法違反は何か」という通説・判例の基準（先行する著作物に依拠性して類似の著作を創作することは著作権侵害であるという厳格な基準）との間の著しいギャップは，矛盾の極致ともいうべきものであろう。

なぜなら，先にも述べたように，著作権法の通説・判例は，一方で，著作物性（創作性）の基準を「著作者のなんらかの個性が表現されておればよい［島並＝上野＝横山・著作権法入門（2021）27頁］」，すなわち，「例えば，児童の作文やお絵かき，日記や書簡のように，目新しさもなく，また，独創性に乏しいものでも，創作性が認められ，著作物として保護される」［島並＝上野＝横山・著作権法入門（2021）27-28頁］というように，非常に低く設定している。

他方で，著作権法の通説・判例は，そのような独創性の乏しい児童の作文やお絵かきに啓発され，それに依拠して，より高度な独創性を有するが類似の作品を創作すると，著作権侵害として重い刑罰を科すことを認めており，これによって，「創作性の低い著作物が，創作性の高い著作物を駆逐する」という，著作権法の目的である「文化の発展」を阻害する事態を生じさせているからである。

もっとも，何が著作権侵害となるか，著作権法に規定がなくても，典型的な複製権侵害であるデッドコピーという丸写しならば，著作権侵害であることは明白であるように思えるかもしれない。

しかし，著作物のデッドコピーでも，それが著作権法30条以下の著作権の制限事項に該当する場合には，結果的には著作権侵害とはならない。

さらには，著作権法30条以下の著作権の制限規定に当たらないデッドコピーであっても，それが，著作物のパロディとなる場合には，著作権侵害にならないとする見解，さらに，最高裁判決では破棄されているものの，パロディを適法とする高裁判決も存在する（なお，著作権法の罰則規定からは免れている）。

そもそも，どのような独創的な著作物であっても，先行する著作物に依拠しない著作物は存在しないのであり，巨人の肩に乗れば，おのずと，視野が開け，より高度な創作の機会が与えられるのであるから，先行する文化的所産に依拠することを抑圧すべきではない。依拠した結果，創作性の高い著作ができれば，それが，先刻作品に類似しているからといって罰すべきでもない。文化の発展は，先人の著作物に依拠し，それをさらに高めることによって実現するからである。

第３節　著作権法に置かれている過酷な刑罰規定の実態

先にも述べたように，罪刑法定主義に従うことは，人権保障の大前提である。確かに，民法は，被害者救済のために，一般法を認めているが，刑法は，人権を保護するため，個別類型主義（罪刑法定主義）を守っている。

例えば，有名な大判大３・７・４刑録20号1360頁（桃中軒雲右衛門事件）は，被告人らが浪花節芸人の桃中軒雲右衛門の浪花節が吹き込まれたレコードを購入し，これを無断複製またはその情を知って売却したとして起訴された事件である。

第一審，および，控訴審が著作権侵害として罰金刑を言い渡したのに対して，大審院は，桃中軒雲右衛門の浪花節は，著作物に該当せず，被告らの行為は犯罪の構成要件に該当しないとして原判決を破棄し，被告人らに無罪を言い渡している。この結果として，この事件は，抽象的・包括的な犯罪構成要件の危険性を示すものであるとされている（田中良弘「著作権法上の罰則規定に関する一考察――わが国における行政罰の各論的検討（1）――」法政理論50巻1号（2018/2）260頁）。

このように考えると，著作権侵害に関する明文の定義規定を制定するまでは，著作権法上の以下の罰則規定は，その執行をすべて停止すべきである。

1　著作権等侵害罪（119条1項）

10年以下の懲役若しくは1,000万円以下の罰金に処せられる（併科あり）。なお，法人については，3億円以下の罰金が課される（124条1項1号）

2　著作者人格権等侵害罪等その他の罪（119条2項）

5年以下の懲役若しくは500万円以下の罰金に処せられる（併科あり）。

1号（著作者人格権又は実演家人格権侵害）

2号（営利目的での自動複製機器の提供）

3号（著作権等侵害物品の輸入等）

4号（リーチ（leech：搾取者）サイト（海賊版サイト）提示）

5号（リーチアプリの提供等）

6号（プログラム違法複製物の使用）

3　違法ダウンロードの罪（119条3項）

2年以下の懲役若しくは200万円以下の罰金に処される（併科あり）。

1号（有償提供物が違法に流通している物の違法ダウンロード）

2号（漫画・写真等の違法ダウンロード）

4　著作者死後等における人格的利益侵害の罪（120条）

500万円以下の罰金に処せられる。

5　回避装置製造罪その他の罪（120条の2）

3年以下の懲役300万円以下の罰金に処せられる（併科あり）。

1号（技術的保護手段回避装置等の公衆譲渡等）

2号（技術的保護手段の回避）

3号（権利管理情報の改変等）

4号（不正なシリアルコード利用）

5号（営利目的の権利管理情報の改変等）

6号（国外頒布目的商業用レコードの輸入等）

6　著作者名詐称の罪（121条）（非親告罪）

1年以下の懲役若しくは100万円以下の罰金に処せられる（併科あり）。

7　外国原盤商業用レコードの複製等の罪（121条の2）

1年以下の懲役若しくは100万円以下の罰金又はその併科を定めている。なお，法人処罰の法定刑は100万円以下の罰金である（124条1項2号）。

8　出所明示義務違反の罪（122条）

50万円以下の罰金に処せられる。出所不明示が氏名表示権侵害でもある場合，119条2項1号の罪との観念的競合となる。

9　秘密保持命令違反の罪（122条の2）

5年以下の懲役若しくは500万円以下の罰金に処せられる（併科あり）。国外において秘密保持命令違反の罪を犯した者も同様である（2項）。なお，法人処罰は，3億円以下の罰金である（124条1項1号）。

10　親告罪・非親告罪（123条）

119条1項から3項，120条の2第3号から6号，121条の2及び122条の02第1項の罪は親告罪であり，その他の罪は非親告罪である（123条1項）。

TPP協定締結に伴う改正により，本来親告罪であっても一定の場合に非親告罪となる（123条2項）。

告訴ができるのは原則として被害者である著作権者又は著作隣接権者であるが（刑事訴訟法230条），無名・変名著作物については発行者が告訴権者となり得る（123条4項本文）。

ただし，変名が周知の場合，実名登録があった場合及び告訴が著作者の明示の意思に反する場合は告訴できない（123条4項ただし書）。

第5章

著作権法が文化の発展を阻害するという誤り

第1節　世界に例を見ない著作者人格権の過保護

［中山・著作権法（2023）597-598頁］によれば，わが国の著作権法における著作者人格権は，世界一強いとされている。

その理由は，著作権法20条（同一性保持権）1項が，「著作者は，その著作物及び題号の同一性を保持する権利を有し，**その意に反して**これらの変更，切除その他の改変を受けないものとする。」と規定しており，著作者の恣意的な判断（よく言えば著作者の「思い入れ」）によって，重い罰則が伴う権利侵害の成立を認めているからである（同条2項は，この原則の例外を認めているが，例外は限定的に適用すべきだというのが，わが国の通説の考え方である）。わが国の著作権法20条1項の規定は，著作物が「改変」されているかどうかを客観的に判断している世界各国の著作権法と比較しても，著作者を過剰に保護していると言わざるを得ない。

しかし，このように著作者人格権を世界一にまで強めることは，同時に，著作物の円滑な利用・流通が阻害され，ひいては著作者や著作権者にとっても経済的損失となる危険性もあるため，このように世界で突出した著作者人格権を

維持し続けることによって，世界のコンテンツ市場で優位を保つことができるのか疑問が投げかけられている（詳細については，［城所・フェア・ユースは経済を救う（2016)］，［中山＝金子・しなやかな著作権制度（2017）375-436頁］参照)。

このような問題を根本的に解決するためには，著作権法から，著作者を過剰に保護している著作者人格権（著作権法18条～20条）のうち，特に過保護な規定（著作権法20条1項）の適用を最小限にとどめ，反対に，著作者人格権を抑制する規定（著作権法20条2項の各号）については，最大限に活用する。その上で，次節で詳しく論じるように，表現の自由（憲法21条）を阻害し，かつ，著作権法の目的である文化の発展に寄与することに反している著作者の差止請求権（著作権法第112条）を削除することが望ましいと，私は考えている。

私のような過激な考えとは異なるが，著作者人格権の規定に関しては，著作者人格権だけでなく，一般的な人格権の専門家である斉藤博は，著作者人格権と一般人格権との関係について，以下のように論じている。

> 第1に，著作権（財産権）と著作者人格権は，別個の権利であり，両者を一元的に構成すること（ドイツの有力説）には賛成しない［斉藤・著作権法概説（2014）68頁］。 
>
> しかし，第2に，著作者人格権は，一般人格権（民法学説で認められている名誉権，氏名権等を含む包括的な人格権）の一つであって，これと異質の権利と考える必要はない［斉藤・著作権法概説（2014）69頁］。
>
> 第3に，著作権（財産権）と著作人格権をまとめる概念として，著作者の権利（著作権法第

２章のタイトル，および，17条の条文見出し）の語が用いられているが，〔1. で述べたように，二つは全く別の権利であるから〕，両権利をまとめる上位概念の設定を必要としない［斉藤・著作権法概説（2014）86頁］。

確かに，著作権も著作者人格権も，現行法の構成としては，「著作物」という同一の客体の上に存在する権利である。しかし，民法の視点から見ると，一方で，財産権としての著作権は，著作物の上に存在する所有権を制限する「用益物権」であり，他方で，著作者人格権は，著作物の上の権利ではなく，著作者の人格権の一つに過ぎない。

もしも，現行著作権法のように，二つの権利がまったく別個の権利であるという立場を採用するのであれば，実は，両者を一つの法律である著作権法で扱う必要性はなくなる。

すなわち，（財産的）著作権は，知的財産権としての著作権法で保護する。これに対して，一般的人格権の一つに過ぎない著作者人格権は，憲法と民法の個人の尊厳（憲法13条，民法２条）の解釈を通じて，公表権，氏名表示権，名誉権として保護されれば十分であろう。

以上のように，著作権と著作人格権はそれぞれの客体が著作物と著作者というように異なる客体を対象としている。そして，その法的性質も，それぞれ，財産権と人格権というように異なるものである。すなわち，一方の著作権は，民法の物権法（制限物権）の特別法であり，民法の特別法として論じる必要がある。他方の著作者人格権は，民法，または，憲法の人格権そのものであり，一般人格権と切り離して，著作権法の中で特別に論じる必要はなく，憲法，並びに，民法，および，刑法における一般人格権の法理を著作者に適用するだけでよいと，私は考えている。

もっとも，一つの有体物に存在する①換価権，②処分権，③使用権，④収益権という4つの権利をまとめる上位概念として「所有権」が存在し，さらに，その中の③使用権と④収益権をまとめる概念として「用益物権」という上位概念があるように，一つの著作物の上に存在するとされている著作権と著作者人格権をまとめる上位概念として，「著作者の権利」，又は「広義の著作権」という上位概念があることには，便利さを含めてそれなりの意義があるかもしれない。

いずれにしても，上記のように，著作者人格権を特別の権利ではなく，一般人格権に包摂される権利であると考えることができるとすれば（[斉藤・著作権法概説（2014）69頁]），「著作者人格権」という名前は残すとしても，その実質は廃止し，従来の著作者人格権違反の問題は，一般的人格権侵害，例えば名誉棄損（民法723条，刑法230条，230条の2），または，プライバシー侵害等に基づいて処理するという方向に舵を切るのが正当であろう。

なぜなら，現在の著作者人格権は，「著作物」を無体物と考え，無体物である著作物を「人格の分身」（[斉藤・著作権法概説（2014）67頁参照]）または，「人格の発露」（[中山・著作権法（2023）303頁，598頁，603頁，672頁］参照）と見立て，著作物への攻撃（批判的引用，パロディ）を「人格攻撃」とみなして制裁するという結果に陥っている（最二判昭和55・3・28民集34巻3号244頁（モンタージュ写真事件：上告審））。すなわち，著作物という思想・感情の表現である創作物への攻撃を「人格攻撃」とみなすことは，結果として，文化の発展に不可欠の「批判的精神・批判的思考を抑圧する」ものであり，文化の発展に寄与することを目的としている著作権法に反しているからである。

したがって,「著作物を人格の分身又は発露とみなす」という，従来の著作者人格権の考え方を改めるべきである。つまり，本来の人格攻撃は，一般人格権の侵害として厳正に処理する一方で，著作物に対する攻撃（批判的引用・パロディ）は，著作者人格権ではなく，著作権の枠内で処理するという方向に舵を切る必要がある。具体的には，著作者人格権という概念は残しつつ，著作物への攻撃(批判的引用，パロディ）は，著作物の公正な利用（フェア・ユース）の場合には民事的な制裁も行わず，刑事的にも罰しないことにしなければならないと，私は考えている。

第２節　文化の発展を阻害する差止請求の誤り

１　差止請求の効用と弊害

差止請求は，損害を未然に防止する制度として優れているとともに，現実に生じるかどうか不確定な損害を防止するために人間の活動を中止させるものであるため，個人の自由，例えば様々な自由(表現の自由，学問の自由，営業の自由等）を阻害するおそれがある。したがって，差止請求が認められるためには，損害の発生のおそれがあるだけでなく，いったん損害が発生すると回復が困難となるという要件が必要となる。

民法は，占有権侵害について差止請求を明文で認めており（民法199条)，占有権侵害で差止請求が認められるのであれば，その本権である所有権等の訴えが認められる（民法202条）ことを理由に，所有権に基づく差止請求が学説・判例によって認められている。物権よりも価値が高いとされている人格権侵害についても，勿論解釈によって差止請求が認められている。

もっとも，債権侵害については，民法の不法行為法の特別法である不正競争防止法などの特別法による差止請求は認められているが（不正競争防止法3条），一般不法行為請求の場合には，差止請求は原則として認められていない（学説には，損害が生じると回復困難な場合に限って不法行為法上の差止請求を認めるべきであるとの説が存在する）。

著作権法は，明文で差止請求を認めており（著作権法112条），その物権法的性質が考慮され，差止請求権が認められることに疑いは生じていない。

しかし，著作物の公表は，表現の自由（憲法21条）と密接に関連しており，しかも，著作権法が，差止請求権が前提としている，著作権侵害の定義も要件も明確に規定していないことから，一般人格権に基づく差止請求とは異なる，著作権に基づく差止請求を認めるべきかどうかについては，再検討をする必要がある。

再検討の必要性を決定的にしたのは，以下に紹介する「判例百選差止事件」（東京地決平成27・10・26，知財高決平成28・11・11，最決平成29・3・21）である。

2　著作権判例百選事件

（1）事実の概要

Y社（株式会社有斐閣）が発行しようとしていた『著作権判例百選』〔第5版〕（百選第5版）に対して，『著作権判例百選』〔第4版〕（百選第4版）の編者として表紙や「はしがき」に名を連ねていたX教授（当時東大教授）が，百選第5版は，百選第4版のX教授の著作権および著作者人格権を侵害するものであるとして，百選第5版の複製・頒布等を差し止める旨の仮

処分命令を求める申立てを行った。

第一審の東京地裁平成27年10月26日決定においては，X教授の申立てが認められ，平成28年4月4日の決定においても，百選第５版の差止請求の仮処分決定が認容されていた。

(2) 判決の概要

しかし，控訴審である知財高裁平成28年11月11日決定では，以下の理由で，X教授の百選第４版の著作者性が否定され，上告審でもこの判断が維持された（最決平成29年3月21日決定・特別抗告棄却）。

> 「編集方針や素材の選択，配列について相談を受け，意見を述べることや，他人の行った編集方針の決定，素材の選択，配列を消極的に認容することは，……直接創作に携わる行為とは言い難いことから，これらの行為をしたにとどまる者は，当該編集著作物〔百選第４版〕の著作者とはなり得ない。」
>
> 「〔X教授は〕アイディアの提供や助言を期待されるにとどまるいわばアドバイザーの地位に置かれ，〔X教授〕自身もこれに沿った関与を行ったにとどまるものと理解するのが，本件著作物〔百選第４版〕の編集過程全体の実態に適する。」

(3) 本判決に対する作花文雄のコメント

本件の著作物性の認定の是非はともかくとして，この分野の刊行物の企画・編集の舞台裏が詳らかにされている点では，珍しい事案といえる。

また，知財高裁判決を踏まえると，法律分野の専門出版社であり，厳格な法令遵守により事業を遂行していると思われるY社が，その発行した編集著作物の著作者の一人としてX教授の氏名を表示して世に公表していたにもかかわらず，後日，当該表示の真正さを自ら否定しており，不可思議な印象を受ける［作花・著作権法（2022）114頁］。

3　著作権法において差止請求を認めることの弊害

本決定は，以上のような「不可思議な事情」のある事案であるが，優秀な学習教材として伝統を持つ著作権判例百選の出版が差し止められなかったことは，文化の発展に資するものであり，結果的には，裁判所の判断は適切であったと思われる。

この訴訟については，X教授の主張は著作権法に即したものであり，Y社の抗弁には，上記のように無理がある。そして，著作権法の規定に反して，差止請求を認めるべきでないと主張したY社が勝訴したのは，著作物の差止請求を認めている著作権法に問題があることを示唆している。

文化の発展にとって，判例百選のような優れた判例教材の存在は不可欠であり，著作権法が，差止請求を認めていること自体が誤りなのである。

第3節　判例百選事件の当事者は誰も悪くない，悪いのは著作物の差止制度

最近，私が読んだ本の中で，最も驚いたのは，［鮎川・腐敗する法の番人（2024）］の以下の文章に出会った時であった。

> 犯罪学・刑事政策学の基本的な考え方は，世間の常識とは異なっている。
>
> 一般的には，犯罪が行われるから警察などが取り締まると考えられている。しかし，犯罪学・刑事政策学は，取り締まるから犯罪が

発生すると考える［鮎川・腐敗する法の番人（2024）８頁］。

常識外れを自認する私も，一瞬思考が停止した。少したってから，罪刑法定主義を思い出し，次の文章を読んでみて，やっと理解することができた。そして，「学問は，こうでなければならない」と，この本の著者の考え方に対する共感の念を強くした。

少し長くなるが，上記の本の文章の続きをそのまま引用させていただく。

犯罪の発生は２段階を経て行われる。第１に，ある行為が犯罪として法律によって定義される。たとえば，日本ではマリワナやハッシンの所持や譲渡は大麻取締法で禁止されている。しかし，カナダやアメリカ合衆国の20以上の州では，リクリエーション（娯楽・嗜好）目的の所持，使用及び譲渡が認められている。さらにカリフォルニア州では，一人当たり６株程度の大麻の栽培も認められている。ある行為が犯罪かどうかは，ある国において法律でその行為を犯罪と定義するかどうかにかかっている。

第２に，その法律に基づいて取り締まりが行われ，検挙されることになって，犯罪が発生する。取り締まりが行わなければ，犯罪は発生しない。たとえば，未婚や不倫のカップルがホテルなどに宿泊し，宿泊者名簿への記載を求められたときに，それにほんとうの住所・氏名を書かなかったとしても，通常，私文書偽造の罪などに問われることはない。しかし，ある人々はターゲットとされ，宿泊者名簿に虚偽の記載をしたために，逮捕されることもありうる。住宅のポストにピザや美容室の宣伝ビラを入れたからといって住居侵入の罪に問われることはない。しかし，そうした広告とは異なる内容が書かれたビラを入れた場合には，住居侵入罪で逮捕・起訴されて有罪判決が下ることがある。

> ある行為が犯罪となるかどうかは，警察，検察，法務省，裁判所など――これらの機関を犯罪学・刑事政策学では「社会統制機関」と呼ぶ――が，その行為にどう対応するかによる［鮎川・腐敗する法の番人（2024）8-9頁］。

判例百選事件を振り返ってみると，編集著作物である著作権法判例百選〔第4版〕に著作者（編者）として名を連ねていたX教授が，X教授の同意なくして，著作権判例百選〔第4版〕の成果を引き継いでいる著作権法判例百選〔第5版〕の出版の差止請求をしたのは，著作権法にのっとっており（著作権法65条（共同著作権の行使：他の共同著作者が第5版を出版するためには，〔X教授〕の同意が必要），および，著作権法117条（共同著作物等の権利侵害：〔X教授は〕他の著作者の同意を得ずに差止請求をなしうる）），法律上の理由がある（第一審決定はこれを認めている）。

しかし，X教授の差止請求は，著作権法を学習したり，研究したりして，著作権判例百選〔第4版〕の改訂版である著作権法判例百選〔第5版〕を心待ちにしている多くの人たちの学習や研究の機会を奪うものであり，出版を実現したいとするY会社の主張も，法律上の根拠（著作権法1条）があることを理解することができる。

すなわち，判例百選事件においては，それぞれの当事者の主張は，〔作花文雄が指摘するように一部には不可思議で，矛盾する点もあるものの〕いずれも正当であり，誰も悪くないのである。

このように考えると，悪いのは，文化の発展に寄与するという著作権法第1条（目的）に反して，共同著作者の一人が，単独で著作物の差止を請求できるとしている著作権法117条（共同著作権者等の権利侵害）の規定の方である。

さらに突き詰めて言うと，著作物の出版等の差止は，一般人格権による差止は別にしても，著作権法が，独自に著作物の差止請求を認めることは，文化の発展に寄与することを目的としている著作権法に反することになるのである。むしろ，著作物に対する批判は，著作物によって反論としてなすべきであり，著作物の公表を阻止するべきではない。以上の理由から，著作物の差止制度は廃止を含めて再検討が必要である。

第2部　著作権法はどこから間違い始めたのか

第 6 章

著作権法の間違いの軌跡

第1節　民法の物権法からの決別

わが国の著作権法学説をリードしてきた中山信弘の回顧録とも言える［中山・ある知的財産法学者の軌跡（2022）］を読むと，以下のように，中山信弘は，著作権法を民法から独立させることを常に意識していたことがわかる。

> 私が東大に入学する前のことなので，よくは知りませんが，私の入学少し前の東大法学部拡充に際して無体財産権法（今の知的財産法）の講座が新設されました。
>
> 当初は民法第5部（東大では民法第1部から第4部までありますす）として新設する予定であったのが，当時の文部省の方針で，ナンバー講座の増設は認めないとのことで，無体財産権法とされたようです。
>
> しかし今から考えれば，それによって**民法の物権法から放たれた自由な発想が生まれることとなり**，幸運だったと思います［中山・ある知的財産法学者の軌跡（2022）79頁］。

そして，中山信弘の民法からの独立の思いは，以下のように，さらに具体化されていく。

> 借地借家法は，特別法ではありますが，基本的には民法の債権法の一部と考えられています。それに対して**知的財産法は，他の法の一部ではなく，それ自体独立した法分野にしたい**という思いは強くありました。…たとえて言うならば，一般外科から脳外科が独立していったようなイメージで，知的財産法学を樹立したいという野望は大いにありました［中山・ある知的財産法学者の軌跡（2022）155頁］。
>
> …
>
> なかなか著作権法の体系像が掴めずに苦悶しておりましたが，昭和時代の末期に勃発した富士通・日立対IBM事件に遭遇し，著作権観が変わりました。それに触発されたせいだと思いますが，**著作権を含めて，知的財産権全体が情報保護法の一種である**という点に思いが至り，その後の論文や本は，その考えにのっとり執筆いたしました。
>
> また，著作権法があまりに人格権重視，著作者重視の方向にあり，もう少しビジネス・ローに近づけるべきではないかという思いから，**著作物概念や著作者人格権の見直し**を考えました［中山・ある知的財産法学者の軌跡（2022）156頁)］。

最後に述べられた「著作物概念」の「見直し」によって，著作権法においては，「著作物は，無体物に限る」という，「物とは有体物をいう（民法85条)」という民法原則から離れる見直しが行われ，著作権法は，民法とは異なる道を歩み始めたのである。

しかし，これが，「著作権法学の誤りの始まり」であり，「著作権法はどこで間違えたのか」という問いに対する答えであると，私は考えている。その理由は，以下の通りである。

中山信弘の著作権法の体系は，一方で，著作物を無体物と考えることによって，民法の物権法から離れ，他方で，著作権侵害については，民法の不法行為法，不当利得法に依存している。しかし，民法の物権法から離れることによって，著作権法の体系は，無体物と原著作や複製物との間の取り扱いの不整合などの多くの矛盾を抱えることになる。さらに，著作権違反を民法の不法行為法・不当利得法に依存することによって，著作権法が著作権違反の定義を怠るという事態を黙認する結果に陥っている。

第2節　著作から享受に至るプロセスの軽視

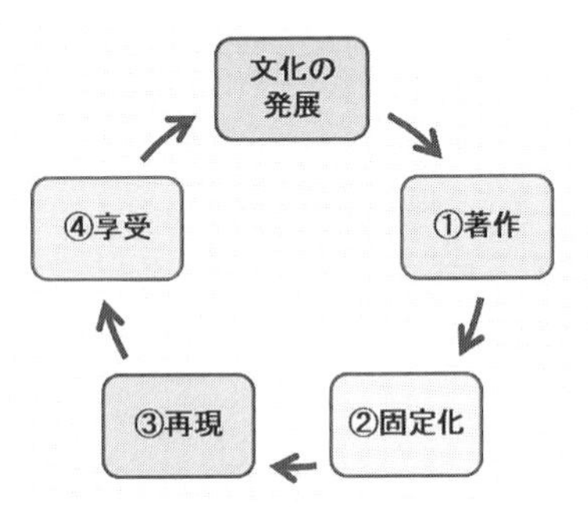

図9　文化的所産の利用サイクル説
（サイクル中心）

これらの誤りを克服するためには，これまで，ほとんど無視されてきた「思想又は感情の創作的表現」とされる著作物が生成されるプロセス，および，文化的所産の利用サイクルを見直すことから始めるべきである。

1　文化的所産の利用サイクルにおける4つのプロセス

著作行為とは，以下の4つのプロセスによって，文化の発展に寄与する活動である。

(1) 思想又は感情を創作的に表現する。（「著作」という無体物の状態）
(2) 著作を何度も繰り返し再現できるように，固定化する。（著作を媒体に固定化したものが「著作物」であり，これは有体物である）
(3) 媒体に固定化された著作物をもとの著作状態に再現する。（本の読み聞かせ，楽譜の演奏，レコード，CDなどの再生，脚本の上演など）
(4) 再現された著作を公衆が享受する。（著作が固定化された媒

体である書籍の購入，展示された絵画の鑑賞，演奏される音楽の鑑賞など）

以上の4つのプロセスを詳しく説明すると，以下のようになる。

(1) 著　作

著作権法は，ある人（創作者・著作者）が，文化的所産を改変的に利用することを通じて，その人の頭の中に生起された「思想又は感情の創作的表現」を公衆に伝達し，公衆がそれを享受することを通じて「文化の発展に寄与する」ことを目的としている（著作権法1条）。

(2) 固 定 化

しかし，著作者の頭の中にある「思想又は感情の創作的表現」は，他の人（受け手・享受者）に伝達しようとしても，頭の中に生起しているものをそのままの状態（無体物）で伝達することはできない。ましてや，繰り返し見たり聞いたりすることによって「思想又は感情の創作的表現」を理解することもままならない。

そこで，情報を伝達する手段として考案されたのが，情報の媒体（紙，キャンバス，電磁的記録媒体等）による固定化である。固定化された「思想又は感情の創作的表現」は，他の人に伝達することが容易となり，それを繰り返し見聞きすることによって，理解も可能となる。このように，著作者の頭の中に生起する不安定な無体物状態を固定化して，情報伝達手段とされたものが，有体物としての「著作物」である。

(3) 再　現

もっとも，「思想又は感情の創作的表現」が固定化されたとしても，それだけで，その情報が伝達されるとは限らない。例えば，音楽家が楽曲を作曲して，それを楽譜に固定化したとする。その固定化された楽譜は，伝達手段としては優れているが，そのままでは，一般の人はそれを享受することができない。そこで，固定化された楽譜を演奏することによって，著作者の「思想又は感情の表現」を再現し，一般の人が享受するようにする必要がある。

(4) 享　受

著作は，固定化によって繰り返し利用することができる客観的な著作物となり，その著作物が実演家等によって解釈的に利用されることによって元の著作の形に再現され，その過程を通じて，公衆が自分の頭の中に主観的に再現することができる。公衆による著作の主観的な再現は，それぞれによって多様であり，多様な文化の形成を促進する。

このように，著作者の頭の中に生起した「著作」は，享受者に伝達されるために，「著作物」として有体物へと固定化され，著作物は，実演等の解釈的に「再現」され，公衆によって多様な文化へと発展していくのである。

2　著作物における有体物の役割の軽視

このプロセスにおいて，無体物である「著作」と，創作が媒体に固定化された「著作物」を厳密に区別することが重要である。

すなわち，著作（無体物）を固定化した物（有体物）が著作物であると考えると，著作物の公正な利用を実現するという目的のために，著作物の上には，その所有者の所有権，および，その公正な利用以外の利用を制限する制限物権を想定することが可能となる。

つまり，著作物の上には，所有権，および，その利用を「公正な利用」に制限する制限物権としての著作権が二つながら併存しており，著作物が譲渡されても，著作権という所有権の制限物権は，著作物に付随して移転することが，民法理論として矛盾なく説明することが可能となる。

これと比較すると，これまでの著作権法学説は，整合的な理論を構成することができない。なぜなら，これまでの著作権法学説は，著作と著作物とを区別することなく，一方で，著作物は無体物に限るとし，かつ，著作権と所有権とはまったく別個の権利であり，著作権は無体物だけを支配し，有体物を支配しないとしている。

ところが，現行の著作権法は，他方で，著作者は，「有体物である原作品とか複製物」に対して，その「展示権」（著作権法25条が原則，45条は例外としている）を「専有する」と規定しており，さらに，「有体物である原作品とか複製物」に対する「譲渡権」を「専有する」（著作権法26条の２第１項が原則，第２項で例外的に譲渡権の消尽を認めている）と規定しており，有体物を支配しないはずの著作権が「有体物」を支配するという決定的な矛盾に陥っている。

このように，現在の著作権法における「著作権は，無体物だけを支配する」という原則は，展示権，譲渡権において，有体物を支配することを認めることによって，理論的に破綻しているのである。

そのほかにも，現行著作権法が，創作から享受に至るプロセスを軽視していることの弊害は，著作隣接権の規定にも表れている。

創作プロセスと「文化的所産の利用サイクル」を重視するならば，著作者の著作を流通に資するように固定化する段階（出版，レコード製作）と，固定化された著作物を公衆に理解させるための再現の段階（実演，放送を含む公衆送信，映画）とを明確に区別し，これらのプロセスに即した整合的な位置づけを行うべきである。

現行著作権法は，著作隣接権として，第１に，固定化の段階である出版とレコード製作のうち，レコード製作だけを挙げて，出版権を別個独立の権利として規定している。このため，著作権法の第１

条の目的規定においては，著作権と著作隣接権のみが取り上げられ，目的規定から出版権が脱落するという事態を招いている。

第２に，現行の著作権法は，固定化された著作物を無体物として再現する段階である実演，放送を含む公衆送信，映画のうち，実演と放送を含む公衆送信の２つだけを著作隣接権として取り上げ，映画を著作隣接権から脱落させるという事態を招いている。

確かに，現行著作権法は，映画を著作隣接権ではなく，本来の著作権として規定しているのであるが，そうだとすれば，創作の固定化としての出版も，レコード製作も，さらには，固定化された創作の再現としての実演，放送を含めた公衆送信も本来の著作権として，平等・公平に規定すべきであろう。

そうすれば，著作隣接権という概念は不要となり，以上のすべての権利を著作権法の第１条において，明確に規定することが可能となると思われる。

第３節　著作権侵害における民法の不法行為法への依存

これまでの著作権法の第２の誤りは，著作権侵害とは何かを定義することなしに，著作権侵害に対して，民事的な制裁（差止請求，損害賠償請求，不当利得返還請求）ばかりでなく，思い刑事罰を科していることにある。

著作権法が著作権侵害を定義していないため，現在の著作権法は，著作権侵害の要件を民法の不法行為に求めている。

この点については，［山本・著作権法（1969）138頁］は，先に述べたように，著作権侵害と不法行為の違いをあげて，安易な民法依存に対して，警告を発していた。

しかし，現在の著作権法学説は，上記のような警告を無視し，著作権侵害の定義をしないままに，著作権侵害というあいまいな概念を使って，民事制裁と刑事制裁を課すことに加担している。

著作権法の権利侵害に関する最初の規定は112条（差止請求権）である。しかし，民法の不法行為は，損害賠償請求（民法709条）および原状回復請求（民法723条）は認めているものの，差止請求は認めていない。

民法の物権法では差止請求を認めているが（民法199条,202条），これは有体物に関する権利であって，著作物を無体物であるとし，民法の物権法から分離・独立したはずの著作権法がいまさら根拠とすることはできないはずである。

確かに，著作人格権を根拠とする場合には，差止請求は認められる。しかし，著作権法112条は，著作者人格権とは異なる，財産権に過ぎない，著作権，出版権，著作隣接権に対しても差止請求を認めている。このため，著作権侵害の民事的効果としての差止請求を民法の不法行為法から導くことには，大きな困難がある。

その理論的な困難を実質論で乗り越えようとしても，先に，著作権判例百選事件で詳しく述べたように，著作物の差止請求を認めることについては，著作権法の目的である「文化の発展に寄与する」という著作権法の最も重要な使命を放棄することになってしまう。このため，著作権法の権利侵害を民法の不法行為法に依存することによって，財産上の著作権に基づく差止請求を認めようとしても，その試みは，理論的にも，実質的にも不可能なのである。

このようにして，著作権法が民法の物権法から離れたことは，著作権法の差止請求の理論的根拠を失うことになり，権利侵害を民法の不法行為法に依存することによっても，結局，著作権法の差止請求を説明できないことになり，著作権法は，孤立無援で，理論的な体系性，整合性を完全に失っているといわなければならない。

なお，中山信弘も，以下の対照表のように，その体系書［中山・

著作権法（2023）29-30頁］とは異なり，［中山・ある知的財産法学者の軌跡（2022）］においては，著作権に基づく差止請求はなくても不都合はないとしている。

［**中山・著作権法（2023）** 29-30頁］	［**中山・ある知的財産法学者の軌跡（2022）** 78頁，120頁］
著作権法や特許法は所有権的構成をしてはいるが，占有回収の訴えは規定されていない。回収に代替する処置としては，他人の行為を法的に禁止することになり，**禁止権こそが知的財産権の本質である**。 情報侵害の特質から，著作権を侵害された場合には，侵害者の行為を止めることができれば権利の円満性は確保されるので，**著作権の中心は差止請求権にある**といえよう。	**差止請求権がなくとも**，著作権の利用を把握でき，かつ**マイクロペイメントが可能となれば，何らの不都合もなく**，しかも過激な権利行使を防止することができるかもしれません。 つまり，つまり差止請求権は，それが認められないと権利の実効性が担保されないがための便宜的なものであり，**将来的には，差止請求がない知的財産権が出現しても決して背理ではない**と考えるようになりました。

上記のように，中山信弘は，2022年に発刊した［中山・ある知的財産法学者の軌跡（2022）78頁，120頁］では，著作権法において，差止請求がなくても，何ら不都合がないと述べているにもかかわらず，2023年に発刊した［中山・著作権法（2023）29-30頁］では，「著作権の中心は差止請求にある」としており，矛盾が生じている。

後者の体系書における「著作権の中心は差止請求にある」という記述は，体系書の記述をさかのぼって調べてみると，すでに，第2版（［中山・著作権法（2014）26頁］）に表れており，それ以降，第4

版（[中山・著作権法（2023）30頁]）に至るまで，同じ文章である。したがって，体系書においては，[中山・ある知的財産法学者の軌跡（2022）78頁，120頁］に沿った改定が遅れているからかもしれない。中山信弘の体系書の第５版では，[中山・ある知的財産法学者の軌跡（2022）78頁，120頁］に即した改訂が行われることを期待したい。

第 7 章

著作権法の間違いに対する認識の変化と諦め

現在の著作権法の学説は，一方で，著作物を無体物であると考えることによって民法の物権法から決別し，他方で，著作権侵害を定義することなく不法行為法に依存している。しかし，そのことによって第1に，無体物論としては譲渡権の消尽理論を説明できず，第2に，権利侵害論としては，著作権侵害の効果としての差止請求権を根拠づけることができずに理論的に破綻していることは，前章で述べた通りである。

さらに，現行著作権法自体も，デジタル技術に追い付くための無理を重ねたこと，および，生成 AI の出現に全く対応できていないという2点で危機的な状態にある。

すなわち，第1に，デジタル技術の発達等に追い付くためもあって，著作権法が複雑さを増大させ，法律の専門家にとっても，理解が困難な複雑な法律になっており，一般市民から見放された存在となりつつある。

第2に，2022年に出現した ChatGPT 等の生成 AI の出現によって，著作権法が機能不全に陥り，生成 AI が生成する作品を著作物と認定すべきか，その著作者は誰かも判定困難な状況に陥っている。

第１節　著作権法は，市民にとって理解が困難なまま放置されている

インターネットの発達と普及によって，「一億総クリエイター時代」といわれるようになり，芸術家や専門家ばかりでなく，一般市民がインターネットを通じて自らの作品を公衆に向けて発信するようになった。

したがって，著作物についてさまざまな規制を行っている著作権法は，もはや，一部の芸術家，出版社，専門家が理解しておけばよいという法律ではなく，一般市民が容易に理解できるものでなければならないという時代が到来しているのである。

それにもかかわらず，発信された作品が「著作物」に該当するだけの創作性を有しているのかどうか，その作品を先行作品に依拠して作成した場合，「著作者」は誰なのか，先行作品に依拠したことが「公正な利用」といえるのかどうか，依拠したことが，「著作権侵害」になるのかどうか，もしも，著作権侵害になるとして，どのような制裁（民事の差止請求，損害賠償の額，刑事罰の程度）を受けるのか，それらの作品の作者が，現行の「著作権法」を読んでみても，明快な理解が得られないという状態が続いているからである。

著作権法が複雑になりすぎて，専門家であっても一読しただけでは理解できないという点は，以下の典型例のように，著作権法を解説するほとんどすべての書籍が記述している事実である。

１　著作権法の入門書の記述

著作権法の代表的な入門書［島並＝上野＝横山・著作権法入門(2021) 9頁（島並良執筆)］は，以下のように述べている。

> 家庭用ビデオレコーダーすらない昭和45年（1970年）に現行著作権法が制定された後，弥縫策による法改正や不文の解釈ルールがかなり集積してしまったので，**そろそろ抜本的な全面改正によってルールを明確化し，国民の予測可能性を回復すべき時期が来ている**［島並＝上野＝横山･著作権法入門（2021）9頁（島並良執筆）］。

ところが，そのような全面改正が可能かという点になると，筆者の勢いは，とたんに消極的な姿勢へと転じてしまっている。

> しかし，いまや著作権法に関係する主体は極めて多様であり，マスコミ，エンターテインメントから，ソフトウェア，電子機器メーカーまでさまざまな産業が関わる上に，芸術活動のみならず日常の市民生活にも影響がある。これらの関係主体の利害は鋭く対立することが多いために，**抜本的な全面改正は，現実には困難な状態にある**。特に最近は，権利者団体や権利管理団体と，インターネット等を通じた著作物ユーザー（消費者）との利害が対立して，個別的な法改正すら方向性を見出し難くなる例も少なくない［島並＝上野＝横山・著作権法入門（2021）9頁（島並良執筆）］。

2　著作権法の代表的な概説書の記述

このように，著作権法の改正の必要性を認めながら，改正は困難だとする著作権法学者が非常に多い。代表的な著作権法学者の教科書［斉藤・著作権法概説（2014）ii頁（はしがき）］においても，以下のような記述がみられる。

> 現行の著作権法は，1970年（昭和45年）に全面改正されたものだが，その後幾多の改正がなされ，近年では，必ずしも著作権制度の根幹に関わるものとはいえない，やや日曜大工的ともいえる規定が数多く付加され，一**読して理解できるものではなくなってしまった**。…
>
> これまでのように著作権等に関連する事業者などの専門家が承知していればよいという時代は過ぎ，著作権等に関わる者のすそ野が格段と広がりつつある中，**著作権法はより平易で簡素でなければならない**ように思う［斉藤・著作権法概説（2014）ii頁（はしがき）］

しかし，この状態を改善することは，以下の記述のように，本書の著者にとって，他人事のように見える。

> 著作権法の軸足を確かめつつ，**全面的な法改正のなされることを期待する**ものである［斉藤・著作権法概説（2014）ii頁（はしがき）］。

3　著作権法の代表的な体系書の記述

この点について，著作権法の代表的な体系書である中山信弘『著作権法』を改定された年代ごとに読んでみると，著作権法の混迷が深まっていく様子がわかる。

まず，以下の表現は，第1版（2007）から，最新の第4版（2023）に至るまで，中山信弘の体系書において，ほぼ同一の記述が保持されている。

> 相次ぐ法改正の結果，著作権法は**蛸足配線状態**にあり，**専門家でもその条文を一読しただけでは理解できないほど複雑化**しており，**これを単純・明確化し，しかもデジタル社会にも対応できる著作権法として構築すること**が望まれる（［中山・著作権法〔初版〕（2007）4-5 頁］，［中山・著作権法〔第２版〕（2014）9 頁］，［中山・著作権法〔第３版〕（2020）10 頁］，［中山・著作権法〔第４版〕（2023）10 頁］）。

次に，第２版からは（第４版に至るまで），著作権の混迷に関して，以下のように，「**古くて立派な老舗旅館**」という比喩的表現も使われるようになっている。

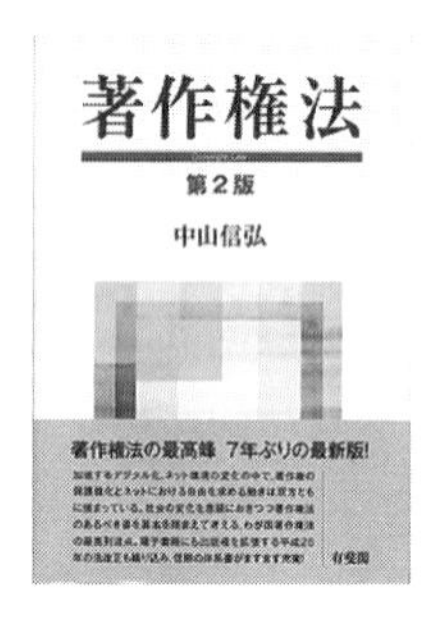

> 近年の改正は，正確性を期すからであろうか，**長文でかつ難解になりがちであり，法律家にとっても一読しただけでは何を意味しているのか判らない**ものが増えてきた。**古くて立派な老舗旅館のようなもので，古くからの本館とそれに近年増設された新館や別館があり，その間を渡り廊下で結び，迷子になりそうな感じの作りになっている**（［中山・著作権法〔第２版〕（2014）11 頁］，［中山・著作権法〔第３版〕（2020）13 頁］，［中山・著作権法〔第４版〕（2023）13 頁］）。

著作権法を「古くて立派な老舗旅館」に譬える比喩的表現は，以下のように，〔　〕内の用語を補ってみるとその実態が明らかとなる。

すなわち，「〔現行の著作権法は，〕古くて立派な老舗旅館のようなもので，古くからの本館〔**出版権（版権）**〕とそれに近年増設された新館〔**著作権本体**〕や別館〔**著作隣接権，映画に関する諸権利**〕があり，その間を渡り廊下で結び，迷子になりそうな感じの作りになっている。」

そして，第３版以降では，その混迷を解決するためにも，著作権法を市民にとってわかりやすく改定しなければならない状況になっているとの指摘がなされている。

> 現在の著作権法は，前述のごとく一部の業者を規整するものではなく，**全国民が関係する法である以上，一般人が読んで理解できる程度のシンプルさが必要**である（[中山·著作権法〔第３版〕(2020) 13 頁]，[中山・著作権法〔第４版〕(2023) 13 頁]）。

それにもかかわらず，著者が，難解だと認める著作権法は，「一般人が読んで理解できる程度のシンプルさ」が実現されるどころか，ますます，複雑で難解なものとなっている。

> 以上のように，**現在の著作権法が置かれている状況は混沌としており，しかもその混迷は当分の間続くであろうと予想され，著作権法にとってはまさに『憂鬱の時代』**であるといえよう（[中山・著作権法〔第１版〕(2007) 6 頁]，[中山·著作権法〔第２版〕(2014) 11-12 頁]，[中山・著作権法〔第３版〕(2020) 13 頁]，[中山・著作権法〔第４版〕(2023) 13 頁]）。

以上のことから，現在の著作権法は，構造が複雑なうえ，情報技術の発達に追い付くために，弥縫的な改正を続けた結果，専門家に

とっても，一般市民にとっても，わかりにくい法律になってしまっており，抜本的な改正によって市民に分かりやすいシンプルな構造にすべき点では，一致しているものの，それを実現することができる人は誰もいないという混迷状態に陥っていることがわかる。

これに対して，本書のように，著作活動の過程を①著作，②著作物への固定化，③著作の再現，④著作の享受というプロセスに整理し，その段階ごとに保護すべき者を，①著作者，②著作固定事業者，③著作再現業者，④著作の享受者として確定すれば，著作権法が保護すべき主体と客体としての著作物がシンプルとなり，市民にとってわかりやすい著作権法の改正が実現できると，私は考えている。

なお，私の考えている改正私案については，第3部で示すことにする。

第2節　生成AIの出現による著作権法のさらなる混迷

著作権取引の出発点は，ある著作物の「著作者は誰か」であり，その決定を行えるのは，著作権法のみである。ところが，生成AIの出現によって，著作権法自体が機能不全に陥ってしまっている。

その原因は，著作権が保護しているのは，アイディアではなく，創作的表現である（著作権法2条1項1号）ことに起因している。なぜなら，この点が，特許法に代表される産業財産法と著作権法との違いであるのだが，著作権法のこの大原則が生成AIの出現によって破壊されてしまったからである。

生成AIが作成した作品において，創作的表現を行ったのは，アイディアをプロンプトで入力した人間ではなく，生成AIであるから，本来なら，生成 AI が著作者となるべきである。

しかし，著作権法の通説によると，著作者として保護されるのは，人間だけであるため，生成 AI が生成した作品は，アイディア（単純なプロンプト）を与えた人間も，また，創作的表現を行ったが，人間でない生成 AI も著作者として保護されることはない（[島並＝上野＝横山・著作権法入門（2021）20 頁] 参照）。

したがって，生成 AI が生成した作品は，上記の理由で誰も著作権を有しないため，誰もが自由に利用できるパブリックドメインに帰属することになる（最判昭 59・1・20 民集 38 巻 1 号 1 頁（顔真卿自書建中告身帖事件・上告審）参照）。

それでは，このパブリックドメインにある作品の著作者を契約によって誰かに移転することはできるであろうか。残念ながら，パブリックドメインにある古典や法律等を個人が専有することはできないのであって，これらの作品の著作者を契約によって移転することはできない。結局，著作者の決定に関しては，契約は手も足も出せない結果に陥っているのである。

このように考えると，人間がアイディアに過ぎないプロンプトを与えて，生成 AI が作成した作品については，表現を行っているのは，生成 AI であるため，その著作権はパブリックドメインに帰属する。したがって，人間が著作者となることも，著作権を得ることもできないことになってしまう。

確かに，生成 AI の利用規約には，生成 AI の開発事業者は，著作権を含めて，すべての権利をユーザに与えると同時に，開発事業者の免責を規定していることが多い。しかし，このような利用規約は，開発事業者が著作権を有していることが前提となっている。この前提が著作権法によって否定されている限りは，このような利用規約は何らの効果も有さない無駄な試みであるということになってしまう。

どうしてこのような事態が生じたのかというと，先に述べたように，著作権法は，創作的な表現を保護することをもって文化の発展に寄与することを目的としており（著作権法第1条），しかも，創作的な表現ができるのは，人間だけであるという前提に立って，そのような人間だけを保護してきたからである（なお，生成AIが自然言語を理解しているかどうかについては，［Newton・ChatGPT徹底解説（2023）22頁］が，注目すべき肯定的な見解を紹介している）。

これまでは，人間は，筆やペンや鉛筆という道具を使って，創作的表現をしてきた。ワープロやパソコンを使うようになっても，創作的表現をするのはあくまで人間であるから，大きな問題は生じなかった。

しかし，ChatGPTなどの生成AIは，人間がアイディアを出すだけで，そのアイディアを創作的に表現する能力を獲得するに至っている。筆やペンや鉛筆に命令をしても，決して文章や絵画などの創作的表現をすることはない。しかし，生成AIは，人間がアイディアを与えると，それに基づいて人間と同等，または，それを超える創作的表現を実現する。その意味で，生成AIは，創作的表現については，もはや道具ではなく，表現主体へと躍り出たのである。

確かに，著作権法は，人間だけが創作的表現ができるという前提のもとに成り立っている。しかし，そうだからこそ，その裏返しとして，ユーザのアイディアに従って創作的表現ができる存在，すなわち，ユーザの能力と同等，または，ユーザの能力を超える表現力を有するという点で，道具とはみなされない存在については，少なくとも，著作権法上の職務著作に関しては，生成AIの開発業者とユーザの間の利用契約を通じて，その存在（生成AI）をユーザの指揮監督にある派遣労働者と類推（擬制）することが，著作権法の趣旨にむしろ合致すると思われる。

第３節　著作権法学が立ち返るべき原点としての山本桂一説

先に述べたように，著作権法は，弥縫策的な改正を重ねることによってその構造が蛸足配線状態となっており，その複雑性を解消して，市民にとってわかりやすい著作権法に改正する方向を見出すことができないでいる。

そればかりか，2022 年の生成 AI の出現によって，著作権法の真価が問われる事態が生じている。なぜなら，著作権法は，生成 AI が生成する作品の著作物性を判断する基準も，誰が著作者になるのかの決定基準も示すことができないという，危機的な状況に追い込まれているからである。

このような危機的な状況に対応するためには，著作権法の原点に立ち返って，著作権法の進むべき道を根本から見直す必要がある。そして，著作権法学説の立ち返るべき原点は，［山本・著作権法(1969)］であるというのが，私の考え方である。

［山本・著作権法 (1969)］は，著作物の要件として固定化を要求することによって，一億総クリエイター時代に合わなくなりつつある著作権の成立における無方式主義を部分的に修正し，固定化を著作物の要件とすることによって，著作権紛争の透明化を図ることができる上に，著作権を用益物権的にとらえている点で，取引社会の基本法である民法との再連携を可能としている。

これに対して，著作権法の学説をリードしてきた中山信弘学説は，民法の物権法から離れることを希求してきた。その根本には，著作権法の客体は，民法の物権法の客体とは異なり，情報という無体物であるという確信に裏付けられている。

しかし，著作権法の現実は，その排他権（専有）の範囲が有体物である原作品に及んでおり（著作権法25条，26条の２），著作権法の客体を無体物に限定するという理論的根拠は失われているというべきである。

第 *8* 章

公正な利用についての検討の放置

第1節　著作権法第1条の「公正な利用」の位置づけ

著作権法1条（目的）は，「文化的所産の公正な利用」に留意するとしている。ただしこの文言は，「著作権者等の権利」の保護を図るという文言と対比されている。そして，著作権法第1条は，両者のバランスの上に立って「文化の発展」に寄与することを，著作権法の目的とすると規定している。

著作権法1条（目的）の解釈に当たって重要な点は，以下の2点である。

第1は，「公正な利用」の英訳は，“fair use（フェア・ユース）”である（フェア・ユースについては，［山本・アメリカ著作権法（2008)］，［山本＝奥邨・フェア・ユースの考え方（2010)］等を参照)。したがって，「公正な利用」の解釈に当たっては，「公正な利用」と米国連邦著作権法107条に規定されている「フェア・ユース」とは，どのような関係にあるのかが検討されるべきである。

しかし，現在の著作権法の学説は，わが国に上記のアメリカ法の「フェア・ユース」の規定，または，その法理を日本に導入すべきかどうかについて争ってはいるものの（例えば，［斉藤・著作権法概説（2014）161-162頁］は，フェア・ユースの法理をわが国に導入することに反対する立場から，導入に賛成する学説に対する批判を行っている。なお，フェア・ユースの法理をわが国に導入すべきという考え方については，［城所他・2018年著作権法改正（2019）71-95頁］参照），わが国の著作権法１条に規定されている「公正な利用」とは何であり，アメリカ法の「フェア・ユース」とどのような関係があるかについては，不思議なことに，ほとんど検討がなされていない。

第２は，わが国の著作権法は，著作者とは対極にある，著作物の利用者の立場に立って，「公正な利用」という概念を用いているように読める。しかし，著作者自身も，「文化的所産」を「公正に利用」しつつ，思想又は感情の創作的表現を行っていることを忘れてはならない。

いかなる創作といえども，文化的所産の公正な利用なしに実現することはできないのであって，「思想又は感情の創作的表現」である著作も実は，「文化的な所産の公正な改変的利用」に過ぎないのである。

文化的所産を改変せずに行った著作は，複製または模倣であって，創作ではない［土肥・知的財産法入門（2019）272頁］。さらに，文化的所産を改変して創作を行ったとしても，それが，著作権侵害であれば，著作としての評価は得られない。

したがって，著作権法２条１項１号で定義されている「思想又は感情の創作的表現」とは何かを明らかにするためにも，「文化的所産の公正な利用」とは，何かを，単に著作物の利用者の立場から検討するのではなく，著作者の立場に立った検討が必要となるのである。

しかし，現在の著作権法の学説は，「文化的所産の公平な利用」

を著作者の立場から検討することを怠っている。

第２節　(一次的) 著作における文化的所産の「公正な利用」

いかなる創作も，文化的所産の利用なしには達成し得ない。思想又は感情の創作的表現とされる著作も，実は，「文化的所産の利用」の一形態としての「文化的所産の改変的利用」に過ぎない。

従来の見解によれば，先行する著作とは別個独立に創作されるのが（一次的）著作であり（著作権法１条１項１号），先行する著作に依拠しつつ，それを改変（翻訳，編曲，変形，脚色，映画化，翻案）して創作するのが二次的著作（著作権法２条１項11号）と考えられてきた（最一判平成13･6･28民集55巻４号837頁（江差追分事件））。

しかし，（一次的）著作といえども，あらゆる文化的所産から独立した創作ではなく，先行する著作物が含まれる「文化的所産の改変的利用」に過ぎないのだとすると，（一次的）著作と，二次的著作との区別が問題となる。なぜなら，（一次的）著作も，二次的著作も，その定義により，それぞれが，「**創作的表現**」（著作権法２条１項１号），「**創作した著作物**」（著作権法２条１項11号）という共通点を有していることに疑いがないからである。

両者の違いは，（一次的）著作については，許諾が必要とされていないが，二次的著作には，先行する（一次的）著作者が翻訳権，翻案権等を専有しており（著作権法27条），先行著作者の許諾が必要とされている点に違いがある。

それでは，（一次的）著作は，なぜ先行する作品に対する許諾が必要とされないのであろうか。

それは，（一次的）著作は，許諾の必要のない先行作品（パブリックドメインに帰属する著作物，例えば，保護期間経過後の著作物（著作権法51条～58条），法律・判例などの権利の目的とならない著作物（著作権法 13 条)）を改変して利用しているか，先行著作者の許諾を必要としない「著作権の制限」（著作権法 30 条～ 50 条）の規定をうまく利用して，それらの文化的所産を改変しているからにほかならない。

このように考えると，（一次的）著作とは，改変について許諾を必要としないパブリックドメインの著作物を利用するか，著作権の制限規定の活用によって改変の許諾を免れた上で行われている「文化的所産の改変的利用」の一形態なのである。

したがって，（一次的）著作とは，「文化的所産の公正な改変的利用」であると定義することができる。

第３節　二次的著作における著作物の「公正な利用」

1　二次的著作の定義に関する最高裁平成 13 年判決（江差追分事件）

（一次的）著作の定義ができたので，文化的所産のうちの著作物だけを対象にした二次的著作の定義は，一見したところでは，以下のように単純明快となる。すなわち，「二次的著作」とは，「著作物の改変的利用」である。

この二次的著作について，（一次的）著作者の許諾を得ると，それが，一般に利用できる二次的著作物となる。

しかし，（一次的）著作物については，先行する著作物の著作者の許諾を必要としないのであれば，二次的著作物についても，（一次的）著作者の許諾を必要としない，「著作物の公平な改変的利用」があってもよいのではないかとの疑問が生じる。

（一次的）著作者の許諾の要否を別にして，二次的著作の特色に焦点を当ててみると，二次的著作は，文化的所産のうちの著作物に対象を絞っているという特色だけでなく，最高裁の著名な判決である「江差追分事件・上告審判決」（最一判平成13・6・28民集55巻4号837頁）における二次的著作物（著作権法27条の翻案）の以下のような解釈が参照されるべきである。

> **著作物の翻案（著作権法27条）とは，既存の著作物に依拠し，**かつ，**その表現上の本質的な特徴の同一性を維持しつつ，**具体的表現に修正，増減，**変更等を加えて，新たに思想又は感情を創作的に表現する**ことにより，
> これに接する者が**既存の著作物の表現上の本質的な特徴を直接感得することができる別の著作物を創作する**行為をいう。

上記の平成13年最高裁判決（江差追分事件）によれば，二次的著作の特色は，以下の通りとなる。

すなわち，二次的著作の特色とは，第1に，その対象が，文化的所産のうちの（一次的）著作物に絞られているだけでなく，第2に，創作の過程において，（一次的）著作物の表現上の本質的な特徴の同一性が保持されている著作物であり，そのため，第3に，二次的著作に接する公衆が，（一次的）著作物の表現上の特徴を直接感得することができるという特色を有していることになる。

このように考えると，二次的著作物とは，「（一次的）著作物の表現上の本質的な特徴の同一性を維持しつつ改変的に利用した著作物である」と定義することができる。

2　（一次的）著作者の許諾を必要としない二次的著作（焼き継ぎ屋事件）

この定義によって，（一次的）著作者の同意の有無を度外視した二次的著作物の定義が完成したので，最後に，二次的著作物は，必

ずしも，(一次的）著作物の著作者の許諾を必要としないとされた実例について検討する。

このような検討を行うのは，(一次的著作）が先行する著作物の著作者の許諾を必要としない理由の一つが，著作権法の著作権の制限規定の適用によるものであったことを考慮するならば，二次著作においても，「(一次的）著作物の表現上の本質的な特徴の同一性を維持しつつ，公正な改変的利用」であれば，(一次的）著作者の許諾は不要であるという一般論が成り立つかどうかを検証するためである。

二次的著作について，(一次的）著作者の許諾を必要としないことを認めている裁判例（東京地判平18・3・23判タ1226号257頁①事件（著作権侵害差止等請求事件）(一部認容・控訴)）が存在するので，以下において紹介する。

もっとも，この事件の主な争点は，浮世絵を模写した絵画を許諾なしに利用したことが著作権侵害になるかどうかであるが，その前提として，浮世絵を模写した絵画が，利用の際に許諾が必要とされる二次的著作であるかどうかが争われている。ここで議論するのは，浮世絵を模写した絵画が創作性を有する二次的著作となるかどうかである。

【事案の概要】

本件は，亡Aが江戸時代の浮世絵を模写して制作した模写作品の著作物性（二次的著作の要件としての創作性）が争われた事案である。

亡A（第1事件の原告であったが，訴訟係属中に死亡したため，Xが受継した。）が江戸時代の浮世絵4点を模写して制作した絵画4点を，Yが発行した書籍（Y書籍）において亡Aに無断で複製し，さらに，そのうちの1枚については，その一部のみを切り取って使用したのみならず，亡Ａの氏名を表示しなかったこと，及び，Ｙが，その後の交渉において不誠実な態度を取り，亡Ａに精神的苦痛を与えたとして，Ｘが，Ｙに対し，各絵画の著作権侵害及び１枚の絵画についての著作者人格権（同一性保持権及び氏名表示権）侵害に基づく損害賠償請求として合計1231万1108円の支払並びにＹ書籍の販売差止め等を求めた。

図10　亡Ａの著作の一つ

【判決要旨（総論部分）】

「模写」とは，「まねてうつすこと。また，そのうつしとったもの。」（岩波書店「広辞苑」参照）を意味するから，絵画における模写とは，一般に，原画に依拠し，原画における創作的表現を再現する行為，又は，再現したものを意味するものというべきである。

したがって，模写作品が単に原画に付与された創作的表現を再現しただけのものであり，新たな創作的表現が付与されたものと認められない場合には，原画の複製物であると解すべきである。

これに対し，模写作品に，原画制作者によって付与された創作的表現とは異なる，模写制作者による新たな創作的表現が付与されている場合，すなわち，**既存の著作物である原画に依拠し，かつ，その表現上の本質的特徴の同一性を維持しつつ，その具体的表現に修正，増減，変更等を加えて，新たに思想又は感情を創作的に表現することにより，**これに接する者が原画の表現上の本質的特徴を直接感得することができると**同時に新たに別な創作的表現を感得し得ると評価することができる場合**には，これは上記の意味の「模写」を超えるものであり，その模写作品は原画の二次的著作物として著作物性を有するものと解すべきである。

機械や複写紙を用いて原画を忠実に模写した場合には，模写制作者による新たな創作性の付与がないことは明らかであるから，その模写作品は原画の複製物にすぎない。

また，模写制作者が自らの手により原画を模写した場合においても，原画に依拠し，その創作的表現を再現したにすぎない場合には，具体的な表現において多少の修正，増減，変更等が加えられたとしても，模写作品が原画と表現上の実質的同一性を有している以上は，当該模写作品は原画の複製物というべきである。すなわち，模写作品と原画との間に差異が認められたとしても，その差異が模写制作者による新たな創作的表現とは認められず，なお原画と模写作品との間に表現上の実質的同一性が存在し，原画から感得される創作的表現のみが模写作品から覚知されるにすぎない場合には，模写作品は，原画の複製物にすぎず，著作物性を有しないというべきである。

以下，問題となっている絵画に関する当事者の主張，判決要旨，私の判決批評を記述する。ただし，第１絵画（酒屋）および，第４絵画（蚊遣りや煙，松葉の入った籠）については，亡Ａの浮世絵の模写について，創作性が否定されているので，ここでは，亡Ａの浮世絵の模写作品に創作性が認められた，第２絵画（焼き継ぎ行商人），および，第３絵画（焼継ぎ師）について考察する。

(1)　第２絵画（焼継ぎ行商人）

〈１〉原告の主張

(1)　原告絵画２及び本件原画２には，右手の描き方に顕著な差異が見られる。本件原画２は，怪談の挿絵であり，古井戸から出た化け物に驚いた焼継屋が思わず右手を荷箱をつるしたひもから離してしまった様子を描いたものである。原告絵画２は，あくまでも江戸風俗を描くことを目的として，本件原画２を参考にしながらも，焼

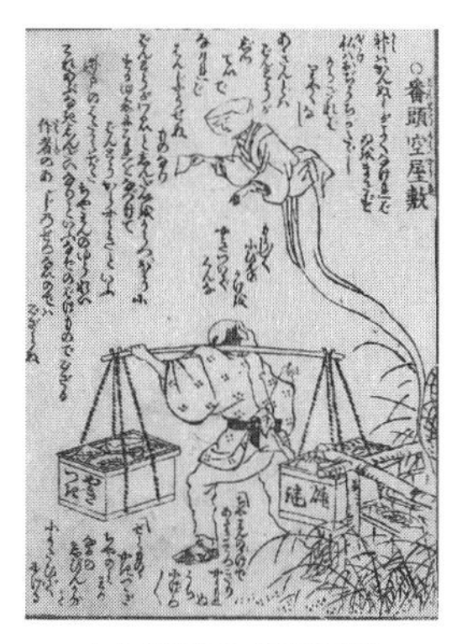
本件原画2（浮世絵）

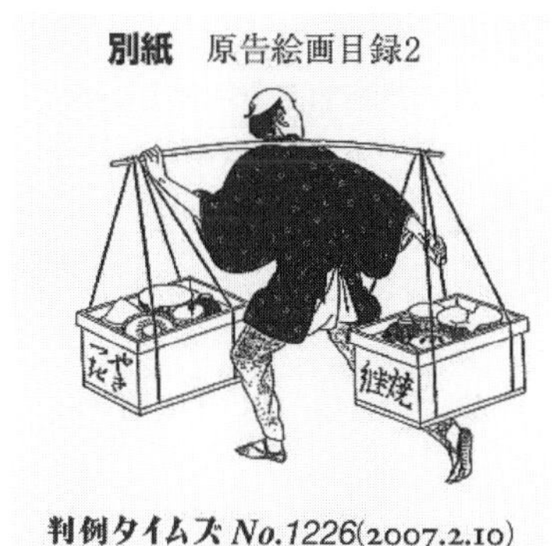

原告絵画2

継屋が荷箱をつるしたひもを握ったように右手を描き直すという意図的かつ極めて重要な変更がされている。

⑵ 同様に，右足の描き方にも顕著な差異が見られる。本件原画2は，化け物に驚いて右手のみならず右足も浮き足立った様子が描かれているが，原告絵画2は，荷箱の中の陶器が揺れて壊れないように，右足も大股で歩く様子で描き直されている。

⑶ 原告絵画2と本件原画2には，例示したとおり，極めて重要な差異が認められる。したがって，亡一馬による創作性が付与されていることは明らかであって，原告絵画2は著作物性を有する。

〈2〉被告の反論

⑴ 原告は，原告絵画2の右手の描き方が，極めて重要な変更であると主張する。しかし，絵画の創作性は，対象物の選択，構図，形状，描線等において主として発揮されるところ，本件原画2の主たる創作性は，幽霊を右斜め上に見上げた焼継師の後姿をとらえた構図にあり，右手の描き方は幽霊を見た驚きを表現した点で創作性の一部にすぎない。原告絵画2は，本件原画2と，対象物の選択，

構図は全く同一であり，天秤棒を担ぐ人物，天秤棒につるされた箱，その箱内の物品等といった対象物はすべて同一で，その形態も，左手足を前にして天秤棒を背負い，右足でつま先立っている人物の姿勢，さらに右後方へ振り返っているという顔の向き，まげの形状，着衣の形状や模様，すそやそでから手足の露出している範囲，天秤棒からつるされた箱に書かれた文字に至るまで同一である。線の太さにも大きな違いはなく，着衣の色の濃さに違いが認められるのみである。このように，原告絵画２と本件原画２は，全体はもとより細部に至るまでほとんど同一であり，唯一の違いは右手の形状程度である。

⑵　本件原画２は，右後方の幽霊に気付いて驚いた姿を描いたものであり，天秤から手を離しているのは，幽霊に気付いたことに伴うもので，本件原画２における表現内容の有機的表現といえる。これに対し，原告絵画２は，天秤を担ぐ焼継師のみを複製するため，本件原画２の最重要部分の一つである幽霊の描写を省略したことに伴い，原画の表現における有機的一部としての「驚きを表現する右手」を，「通常かつ本来の天秤を担ぐ右手」（通常の商売人としての形態）の位置に描き直したにすぎない。しかも，そのような変更を加えておきながらも，後を振り向き幽霊に気が付いた焼継師の姿勢をそのまま利用しており，何らの変更を加えていない。したがって，原告絵画２における右手の変更は，本件原画２において創作的に描かれていた部分の創作性を捨象し，通常であれば誰もが持つ位置に，通常の形状で手を描いただけであるから，右手の描き方についてはその部分についての原画の創作性を再製しなかっただけにすぎず，そこに新たな創作性が付与されているわけではない。右足の描き方も同様である。

⑶　したがって，原告絵画２に原告が指摘する差異が存したとし

ても，それらは本件原画2から幽霊を削除し，姿勢を維持し，驚いた際の右手を変えて通常かつ本来の姿態に変更しただけであって，何らかの思想ないし感情を一貫して表現するために行われた変更であるとはいえないから，原告絵画2に，亡一馬による創作性が付与されているとは認められず，原告絵画2は著作物性を有しない。

〈3〉裁判所の判断（判決要旨・各論その1）

⑴ 本件原画2と原告絵画2は，いずれもともに天秤棒から二つの箱をつるして歩きながら後ろを振り向いている焼継師の後ろ姿が描かれている点で共通する特徴的表現を有する。

⑵ しかし，本件原画2においては，古井戸から飛び出した幽霊に驚く焼継師の様子を描くという主題に基づいて，その右手を天秤棒のひもから離した様子や首をすくめた様子を上記のように描いている点がその特徴的表現の一つであるのに対し，原告絵画2においては，江戸時代の町人の風俗や生活振りを描くために，焼継師が天秤棒に二つの木箱をつるして普通に歩く様子を描写しているものであり，このため右手及び首の具体的表現を上記のとおり変更したものである。

⑶ したがって，原告絵画2は，本件原画2における特徴的表現部分の一部をそのまま利用しながら，その特徴的表現の他の部分を変更し，江戸時代の町人の風俗の再現を意図した表現となっており，この点で新たに亡一馬による創作性が付与されているものと認められ，原告絵画2は，本件原画2の二次的著作物として，その著作物性が認められるものである。

【判決批評（その1)】

原画2の作者の意図を知るためには，浮世絵に書き込まれたくずし字による文章を読む必要がある。そこで，くずし字を解読した文章を以下に掲載する。なお，くずし字の解読は，「くずし字を解読しましょう！」「山東京伝「怪談摸摸夢字彙」21/27 番頭空屋敷」(https://www.youtube.com/watch?v=wJsdTwYOllo) に依拠している。

> タイトル：番頭空屋敷
> **（浮世絵の上部）作者**：神は神主が良くなければ威を増さず。仏は御住持が正しからざれば，利益なし。商人は，番頭が実体でなければ，繁盛せぬものなり。
> 番頭が悪いと身代を空っぽうにする故にそれを名づけて「番頭空屋敷」という。
> 〔この絵は，〕井戸端から出た茶碗の幽霊。これが「危なき身代なり」とかいう謎の化け物でござる。作者の案じの切ないのではござらぬ。
> **（浮世絵の中段）皿屋敷の幽霊（茶碗の化け物）**：もうし，もうし，小瓶の欠けを焼き継いでくんな。
> **（浮世絵の下段）焼き継ぎ屋**：茶碗の欠けで頭こっきりやられぬうち，逃げろ，逃げろ。「瀬戸物の焼き継ぎ，茶飲み割り中の尿瓶かな」と，小謡いで逃げる。

⑴ 原画2の登場人物のうち，主役の姿かたちと，その思い

浮世絵原画2は，題名が「番頭空屋敷」となっており，10枚の貴重な皿の1枚を割ってしまい，主人に咎められて井戸に身を投げた「お菊」が幽霊となって，皿の数を「一枚，二枚，…九枚」と数える怪談「番町皿屋敷」をもじった題名である。

この浮世絵原画2では，お菊は主人を恨む幽霊とは一味違って，割れた皿が復元できていたら死なずに済んだという思いで，身投げした井戸から出てきている。

そして，幽霊の顔を見てみると，女のお菊の顔ではなく，欠けた茶碗である。つまり，この幽霊は，心は，お菊だが，体は，茶碗のお化けであり，手には，割れた茶椀のかけらをもっている。そして，「焼き継ぎ屋」に「申し，申し，小瓶の欠けを焼き継いでくんな。」と，身投げをせずに済んだはずの方法としての茶碗の焼き継ぎ（修復）をお願いしている。

⑵ 原画２の登場人物のうち脇役の姿かたちと思い

原画２に登場する焼き継ぎ屋は，幽霊の祟りをおそれ，「茶碗の欠けで，頭こっきりやられぬうちに，逃げろ，逃げろ」と，逃げることしか考えていない。本来の商人なら，顧客の頼みを聴いて，焼き継ぎをしてあげるのが職業倫理というものだが，それに反して，この焼き継ぎ屋は，お化けを幽霊と見誤り，浮足立って逃げ腰の体で表現されている。

⑶ 原告絵画の主役の姿かたちと二次的著作物としての創作性

これに対して，原告絵画２は，幽霊の祟りを恐れて逃げ腰になっている焼き継ぎ屋ではなく，主役としての焼き継ぎ屋を，右手を天秤と箱を結ぶ紐をしっかりとつかみ，顧客を探しながら，まっすぐに歩むという，まっとうな商売人として表現している。つまり，原画２で描かれた，顧客の頼みを無視して逃げ腰の焼き継ぎ屋とは，全く対照的な商人として描かれている。

このように考えると，裁判所が，原画１（豆腐屋の浮世絵）に対して，主題についても，表現についても，何らの修正もしていない原告絵画１（本書では省略しているが，亡Ａが浮世絵の豆腐屋を忠実に模写した作品）とは異なり，原告絵画２に創作性を認めたことは，妥当であると，私は考えている。

本件の原画の著作権法上の保護期間はとうに過ぎており，原画はパブリックドメインとなっているため，第２絵画の著作者亡Ａは，二次的著作の著作者であっても原著作者の承諾を必要としないのだが，原告絵画２は，依然として，原画２の二次的著作であるという点が，非常に興味深い。なぜなら，原告絵画２は，「原著作者の許諾を必要としない二次的著作」（著作権法27条の例外）という新しいジャンルを切り開いているからである。

(2) 第３絵画（焼き継ぎ師）

〈1〉原告の主張

(1) 本件原画３は，崇徳院の和歌〔「瀬をはやみ，岩にせかるる瀧川の　われても末に　逢わむとぞ思ふ」〕に基づいて，高貴な身分の者〔朱雀院〕を焼継の職人に当てはめて，狂歌に仕立てた遊び画である（だからこそ，「岩にせく　瀧の模様の　瀬戸ものの　われても末に　あわすやきつぎ」という歌が記載されている）。したがって，本件原画３に描かれた人物は，当時の高貴な身分の者であって，原告絵画３に描かれている江戸時代の町人ではない。原告絵画３では，本件原画３を参考にしながらも，江戸時代の風俗を描くことを目的として，まげの形及びひげなどを当時の町人の姿に描き直すという，亡一馬による意図的かつ極めて重要な変更が行われている。

(2) 原告絵画３と本件原画３は，肩，首及び右腕の描き方が大きく異なる。江戸時代においては，人物の力んだ感じを表現するた

原画３

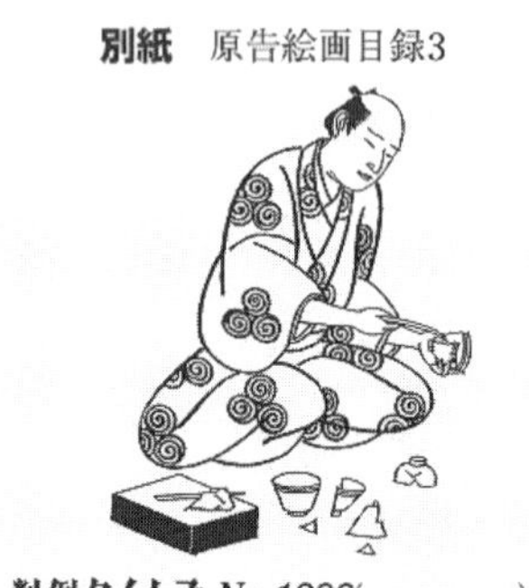

原告の絵画３

め，肩を怒らせ（怒り肩），首を肩にめり込ませて（猪首）描くことが多く，本件原画３も，首が縮み，肩が盛り上がって描かれた結果として，右腕も上にあがっている。亡一馬は，そのような誇張を改め，近代日本画の原点でもある写実性に基づいて，肩，首及び右腕を自然な位置に描き直したのである。さらに，本件原画３は，人物が力んだ様子を描くために，着物のしわの線も太く，力強く描かれているのに対し，原告絵画３では，焼継師という繊細な仕事にふさわしいように，力まない様子を描くために着物の線も優美に描かれている。

〔参考：浮世絵に記されたくずし字の解読（狂歌）〕
本歌（崇徳院）（百人一首・第77番）：
「瀬をはやみ 岩にせかるる 瀧川の われても末に 逢はむとぞ思ふ」
本狂歌（くずし字）：
「岩をせく 瀧の模様の 瀬戸ものの 割れても末に 合わす焼き継ぎ」

⑶ 原告絵画３と本件原画３には，例示したとおり，極めて重要な差異が認められる。したがって，亡一馬による創作性が付与されていることは明らかであって，原告絵画３は著作物性を有する。

〈２〉被告の反論

⑴ 原告が原告絵画３について指摘している差異は，機械的模写ではないことを意味するにすぎない。本件原画３の主たる創作部分は焼継師の作業の姿形であるから，それをそのまま模倣し，焼継師が座って陶器の破片を持って作業をしているという対象物，人物の向き，あぐらをかいて座った人物がやや前傾で左手で大きな陶器の破片を，右手で小さな陶器の破片を持っているという姿勢，着衣の形状，模様，そでから手が露出している様子，陶器の破片の大き

さ，形状，陶器のひびの入り方，人物と箱や陶器の配置に至るまで，すべて本件原画３と同一に描いた原告絵画３に新たな創作性の付与が認められないことは明白である。本件原画３の本質的要素である作業の姿形については，本件原画３と原告絵画３を重ね合わせない限り判別が困難なほど酷似しているのであるし，色彩についても，着衣の色の濃さ程度しか違いがない。

⑵ 原告絵画３では，高貴な者が焼継という本来町人が行う仕事をしている姿を描いた本件原画３の設定を，町人がするというありふれた設定に戻したにすぎない。ひげとまげの変更は，対象設定の変更に伴うものにすぎないし，いずれも表現に些細な変更が加えられただけである。本件原画３において，ひげやまげの形は，表現内容の中心ではないのであるから，そのような非本質的部分に軽微な変更を加えたところで，何らかの創作性が付与されたものとはいえない。

原告は，「高貴な身分の者」が焼継の作業をしているところを，「町人」に変更したことをもって，創作性の付与が認められると主張するが，亡一馬がどのような理由，認識により故意に原画に修正，変更を加えたか，すなわち，模写製作者の意図や動機は，新たな創作性が付与されたか否かの判断とは無関係であって，あくまでも模写製作者の主観を離れて，模写作品を客観的に観察して判断することが必要である。髪型やひげは，江戸時代の身分制度においては重要な差異を有するものであったとしても，絵画表現としての差異は軽微であるというほかない。

⑶ したがって，原告絵画３に亡一馬が指摘する差異が存したとしても，それらは何らかの思想ないし感情を一貫して表現するために行われた変更であるとはいえないから，原告絵画３に，亡一馬による創作性が付与されているとは認められず，原告絵画３は著作物

性を有しない。

〈３〉裁判所の判断（判決要旨・各論その２）

⑴ 本件原画３と原告絵画３を比較すると，いずれも正面からあぐらをかいて作業をしている焼継師の姿及び割れた瀬戸物の破片が散らばっている様子などが描かれている点でその特徴的表現部分において共通する。

⑵ しかし，本件原画３では，高貴な者が焼継をするという狂歌の場面を主題として高貴な人物が描かれているのに対し，原告絵画３においては，江戸時代の町人の風俗を再現するため，町人である焼継師を描いており，この点で，本件原画３における特徴的表現を変更した表現となっているものである。

⑶ したがって，原告絵画３は，本件原画３の特徴的表現の一部を再現しながら，新たにＡによる創作的表現が付与されているものであり，本件原画３の二次的著作物として著作物性が認められるものである。

【判決批評（その２）】

⑴ 登場人物の髷，ひげ，肩の線を除いて，浮世絵原画３と原告絵画３とは，ほぼ同じであり，焼継ぎという職業を行うという所作も同じである。

⑵ しかし，背景に書かれている狂歌を読むと，それが，百人一首に収められている崇徳院の和歌のもじりであることがわかる。つまり，浮世絵原画３の登場人物は，職業は焼継ぎ師だが，心は崇徳院であり，身の不幸を嘆きながら，「岩に割かれた瀧川のように，一度は流刑の身となったものの，最後には都に戻りたかった」と，自らの身の上を割れた茶碗に重ねながら，茶碗を元のように合体させようと，肩をいからせて，焼継ぎを行っている。

そのように考えると，浮世絵絵画３は，浮世絵絵画２（番頭空屋敷）の場合との類似性が見えてくる。浮世絵絵画２では，姿こそ，「欠けた茶碗のお化け」だが，心は，番町皿屋敷の「お菊の幽霊」である。そして，「割れた皿を焼き継いでもらっていたら，身投げする必要もなかった」と，いまさらながらではあるものの，焼継ぎを願っている。つまり，浮世絵原画２における「幽霊に驚く焼継ぎ屋」という異様さを取り除いて，通常の職業人としての焼継ぎ屋へと描き直したのが，原告絵画２であり，そこに，二次的著作物としての創作性が認められたのである。

⑶　原告絵画３の場合も，同様である。つまり，高貴な人（崇徳院）が焼継ぎ師をしているという浮世絵原画３の「異様さ」を取り除いて，通常の商人としての焼継ぎ師へと描き直したのが原告絵画３であることを理解すれば，原告絵画２の場合と同様に，原告絵画３にも，二次的著作物としての創作性が認められるべきである。

(3) 焼き継ぎ屋事件のまとめ

今回検討した浮世絵の二次的著作物のうち，絵画２（焼き継ぎ行商人），および，絵画３（焼き継ぎ師）は，第１に，先行作品に依拠しており，かつ，第２に，類似性を有しているため，先行作品が期限切れの著作物でなければ，著作権侵害の対象となるべき作品である。

しかし原作品が期限切れの著作物であったため，原作品の「表現上の本質的特徴を直接感得」をさせつつも，表現上の本質的特徴の一部を改変しており，二次的著作物には，著作物としての「創作性」が認められている。

この判決によって，原作品が期限切れの著作物ではなく，著作権を有する著作物の場合であっても，「原著作物に依拠し，原著作物に類似する二次的著作物」の中には，一定の要件を満たす場合には，原著作者の許諾を必要としないという，「新しいタイプの二次的著作物」を認める道が切り開かれたと考えることが可能である。

例えば，原著作にとって代わるのではなく，原著作物を徹底的に批判したり，破壊したりする創作的二次著作物（例えば創作的パロディ作品）は，「原著作に依拠し，かつ，類似している」としても，表現の自由，および，批判的文化の発展に寄与するという視点から，「原著作者の許諾を要しない」という，新しい二次的著作物の類型（著作物の公正な改変的利用という新類型）を構想することが可能になったことを意味している。

3　（一次的）著作者の許諾が期待できない二次的著作（パロディ事件）

以上の考察を通じて，第１に，「思想又は感情の創作的表現」（著作権法２条１項１号）を行うという著作活動は，何もないところから，突然にあるものを創作するのではなく，人類の叡智である文化的所産を利用して，それを別のものへと改変する活動であることが明らかとなった。

具体的には，利用する文化的所産がパブリックドメインに帰属している場合には，先行作品の著作者の許諾を要しないで先行作品を改変できる。また，先行作品に著作権者がいる場合には，著作権の制限規定（著作権法30条～50条）に該当する「公正な利用」をすることによって先行作品を改変することができる。これらのことを通して，先行作品とは別の著作の著作者となることができるのである。つまるところ，著作とは，文化的所産の利用の一形態としての「文化的所産の公正な改変的利用」であることを確認することができた。

第２に，二次的著作においても，確かに原則としては，（一次的）

著作者の許諾が必要であるが，（一次的）著作がパブリックドメインに帰属している場合には，（一次的）著作者の許諾なしに，二次的著作を行うことができることも明らかになった（焼き継ぎ屋事件）。

さらにもう一歩を進めて，ここでは，第二著作物についても，（一次的）著作者の許諾を受けることなく，公平な利用という考え方を使って（一次的）著作物を改変することができるかどうかについて検討する。

具体的には，（一次的）著作物を批判する二次的著作物や，（一次的）著作物の表現上の本質的な特徴の同一性を維持しつつ，（一次的）著作物を滑稽化・戯画化する二次的著作（パロディ作品）を作成する場合について考察する。

この場合，原則に従って（一次的）著作物の著作者の許諾を得ようとしても，自らの著作物を批判したり，滑稽化したり，戯画化したりするような二次的著作物を作成することについては，まれには，許諾をしてくれる寛容な著作者も存在するかもしれないが，一般的には許諾を得ることは期待できない。しかし，多様な文化の発展という観点からは，著作物を批判することを奨励すべきである。

そこで，以下においては，芸術作品として作成した（一次的）著作物を，許諾なく二次的著作物によって戯画化されたとして，二次的著作物の著作者に損害賠償を請求した事件（**最三判昭 55・3・26 民集 34 巻 3 号 244 頁（パロディ事件：モンタージュ写真上告審判決）**）を取り上げて，（一次的）著作物の著作者の許諾なしに，（一次的）著作物を批判したり，滑稽化したりする二次的著作物を作成することができるかどうかを検討する。

事実の概要

X（原告・被控訴人・上告人）は，山岳関係の作品を主とする写真家である。X は，アルプスの雪山の斜面を６人のスキーヤーがシュプールを描いて滑降しているカラー写真を撮影して写真集に掲載し，この後これを損保会社Ａ・Ｉ・Ｕ社の昭和43年用カレンダーに掲載したが，この写真（図の左側）には著作権者の氏名表示がなされていなかった。

Ｙ（被告・控訴人・被上告人）は，合成写真を作品として発表しているグラフィックデザイナーである。Ｙは，上記保険会社のカレンダーに掲載されたＸの氏名が表示されていない本件写真の一部を切除して残部を白黒写真に複製し，雪の斜面のシュプールの起点に巨大なスノータイヤの写真を合成して白黒のモンタージュ写真（図の右側）を作成して自作の写真集や週刊誌に掲載して発表した。

Ｙが本件モンタージュ写真を作成した意図は，控訴審判決によると，以下のように認定されている。

「美しい雪山の景観を対象とした本件写真に接し，かえって，これに演出された疑似ユートピア思想を感じたため，フオト・モンタージュの形式で本件写真を批判し，併せて自動車公害におびえる世相を風刺することを意図し，本件写真の一部を素材に利用するとともに，これに自動車公害を象徴する巨大なスノータイヤの写真を

図11　最三判昭55・3・28民集34巻3号244頁
https://www.saegusa-pat.co.jp/copyrighthanrei/1988/

合成して，本件モンタージュ写真を作成した。」

第一審判決は，Ｙの主張を排斥し，著作権侵害及び著作者人格権侵害を認めた。そこで，Ｙが控訴したところ，Ｘは，著作権侵害の主張を撤回し，著作者人格権のみを主張した。

控訴審判決は，Ｙの作品のパロディとしての芸術性をみとめ，憲法21条１項（表現の自由）の趣旨からすれば，引用の目的からみて必要かつ妥当な改変は，受忍すべきものであり，同一性保持権を侵害しないと判示した。

控訴審がＹの作品について，パロディとしての芸術性を認めた点は以下の通りである。

> 「本件モンタージュ写真は本件写真のパロディというべきものであって，その素材に引用された**本件写真から独立した控訴人自身の著作物であると認められる**のが相当である。
>
> 被控訴人〔原告〕は，本件モンタージュ写真には控訴人自身の著作物が存在せず，本件写真の剽窃が存在するだけであると主張するが，剽窃とは，一般に，他人の詩歌，文章その他の著作物に表現された思想感情をそのまま自己の作品に移行させる意図のもとに，その表現形式を自己の著作物に取りこむ場合に起る問題であって，たとえ原著作物の表現形式を取りこんでいても，それが**原著作物の思想，感情を批判，風刺，揶揄する等まったく異なる意図のもとに行なわれ，しかも，作品上客観的にその意図が認められる場合には，原著作物の剽窃ではなく，原著作物の存在を前提とするものの，それとは独立したいわゆるパロディの領域に属するのである**（例えば，小倉百人一首の「ほととぎす なきつる方をながむれば ただ有明の 月ぞ残れる」に対して，江戸時代の狂歌に「ほととぎす なきつる方をながむれば ただあきれたる つらぞ残れる」があるが，**後者は，前者を本歌とするパロディであつて，前者の剽窃と目すべきものではない。**）から，被控訴人の主張は当らない。」

Xは，この控訴審判決を不服として，上告した。

【判決要旨】

最高裁は，以下のように判示した。

「他人が著作した写真を改変して利用することによりモンタージュ写真を作成して発行した場合において，右モンタージュ写真から他人の写真における本質的な特徴自体を直接感得することができるときは，右モンタージュ写真を一個の著作物とみることができるとしても，その作成発行は，右他人の同意がない限り，その著作者人格権を侵害するものである。」

【判例批評】

原告の写真は，雪山の自然景観を賛美する芸術的な写真である。これに対して被告の写真は，原告が芸術作品だとしつつも，自動車の責任保険を扱う損保会社のカレンダーに，著作者の氏名を表示することなく使わせていた写真を使ったモンタージュ作品である。

被告は，上記の氏名表記のないカレンダーの写真を白黒の写真として複製し，その一部に巨大なスノータイヤを置いた合成写真を作成している。これによって，原告の雪山の自然を賛美する芸術写真は，原作が芸術作品といいながらも，損保会社の商業用のカレンダーに使わせている点から，それを疑似ユートピアとして批判し，丘の上に巨大なタイヤを追加して，「自動車公害に怯え逃げ惑う人々」をテーマにしたパロディへと改変している。

両者を比較すると，確かに，被告の写真は，一方で，「原告の著作物に依拠し，原告の著作物の表現上の本質的な特徴の同一性を維持しており，これに接する者が原告の著作物の表現上の本質的な特徴を直接感得することができるものとなっている」が，他方で，「原告の作品とは全く別の意図を持った」，別世界を表現する著作物となっている。

確かに，パロディは，現在の通説が著作権法違反の要件に挙げている「依存性」，「類似性」の要件をすべて充足しているばかりでなく，著作権法32条の「引用」の範囲をも逸脱しているため，現在の著作権法学説によれば，著作権法違反と判断せざるを得ない。

しかし，被告の著作物は，二次的著作の要件を満たしているため，原告の著作物とは別個の創作的な著作物であることは明らかである。しかも，パロディの性質上，一次的著作者である原告の承諾を得ることは期待できない。しかも，被告の二次的著作物の性質が，パロディであること，用途並びに利用の態様が自己の写真集と週刊誌への掲載であることに照らすならば，被告の二次的著作物が，原告の芸術的な潜在的市場を含めて，市場を乗っ取ることはなく，被告の利益を不当に害することもないと考えられる（著作権法30条の2第2項，30条の4ただし書き，35条1項ただし書き，47条の4第1項ただし書き，47条の5第1項ただし書き参照）。

以上の点を考慮し，かつ，文化の発展という著作権法の目的に立ち返って考えるならば，本件における被告のパロディ作品は，一次的著作物である原告の著作物の「公正な改変的利用」であって，原告の許諾を要しないと解すべきであると，私は考えている。

＊＊＊

私が，以上の結論に到達したのは，私が著作権法の研究を開始し始めたころ，原告の写真と被告のパロディ写真を比較してみて，以下のように考えたことに起因している。

(1) 被告のパロディ写真は，アメリカ合衆国連邦著作権法107条のフェア・ユースの条文，および，パロディに関して最も多くい引用されている「キャンベル事件」(Campbell v. Acuff-Rose Music, Inc., 510 U.S. 569 (1994))［山本＝奥邨・フェア・ユースの考え方（2010）

126-135頁〔奥邨弘司執筆〕〕）のフェア・ユース法理に従えば，被告のパロディ写真は，間違いなく「フェア・ユース」の法理によって適法となるであろう。同じ国際条約に加盟している国同士で，どうして，これほど大きな差が出るのだろうか。

⑵ 日本では，ほとんどの学者が，批判的精神が重要であることを強調している。それにもかかわらず，このようなパロディを違法扱いしたのでは，わが国において，批判的精神が育つはずがない。日本が，著作者人格権を世界中で一番保護していることが，著作者の人格とは別の存在である著作物に対する批判を，あたかも，著作者に対する人格攻撃ととらえる風潮を助長しているのではないだろうか。

⑶ 日本において，批判的精神を奨励するつもりであれば，著作者の人格から離れて客観化された著作物を「著作者の人格の分身」だとか，「著作者の人格の発露」などという考え方を捨て去り，著作者人格権の同一性保持権（著作権法20条１項）は，例外的に認めるにとどめ，著作権法20条２項４号の規定を原則とすることにし，著作物に対するパロディなどの批判的改変を自由とすべきではないだろうか。

今また，パロディ事件の原告と被告の写真を対比してみても，以前の私の思いは，全く変わることなく維持されている。そして，本書において，「思想又は感情の創作的表現」とされる著作といえども，「文化的な所産の公平な改変的利用」に過ぎないこと，そして，二次的著作も，「⑴一次的）著作物に依拠して，一方で，その表現上の本質的な特徴を維持しつつ，他方で，公正な改変的利用によって生じた別の著作物」であることを明らかにすることができた現在においては，上記の私の思いは，学問的な確信へと変化している。

第３部　著作権法はどうすれば間違いを正せるのか

これまで，現行著作権法の問題点について，批判的な考察を行ってきた。主として解釈論を展開してきたが，「蛸壺配線状態」となって，「専門家でもその条文を一読しただけでは理解できないほど難読化・複雑化し」［中山・著作権法（2023）10頁］ている現行著作権法を「一般人が読んで理解できる程度のシンプルさ」［中山・著作権法（2023）10頁］を確保するためには，立法論にも踏み切らざるを得ない。

そこで，以下においては，解釈論で済むべき場合を除いて，立法論にも言及することにする。

第 9 章

物権法との再連携（動産上の制限物権としての著作権）

先に述べたように，現行著作権法の通説をリードしてきた中山信弘は，著作権法の学説を体系化するに際して，以下の理由を挙げて，著作権法を民法の物権法から分離独立することを試みてきた。

(1) 著作権法の客体は情報としての無体物であり，有体物を客体とする民法とは異なる。

(2) 著作権法は無体物の利用に関する排他権であり，有体物の排他権である所有権とは，次の点で異なる。

① 所有権は永続的であり，保護期間の限定がないが，著作権には保護期間がある。
② 所有権の原始取得と著作権の原始取得には違いがある。
③ 有体物には人格権を与えられないが，無体物である著作物には著作者人格権が与えられている。

しかし，これらの理由は，以下のようにして反駁が可能である。

(1) 著作権法の客体は，無体物としているが，この点は，著作権法の実態と乖離している。なぜなら，著作権法は，有体物である美術の原作品・未発行の写真の原作品に対して展示権を制限しているばかりでなく（著作権法 25 条），著作物の原作品・複製物（有体物）に対して，その譲渡権を制限しているからである（著作権法 26 条の 2 第 1 項）。

著作権法は，著作者の著作（無体物），それを固定化した著作物

（有体物），および，著作物を再現する実演等（無体物）を保護する法律であり，有体物を無視して著作権法を体系化することは不可能である。したがって，著作権法は，民法から隔絶した法ではなく，民法の特別法に過ぎないことを認めるべきである。

(2) 著作権を民法の物権である所有権と比較することは，的外れである。著作権は，著作物の利用の排他権とされているのであるから，比較すべきは，物権法上の用益物権（地上権，永小作権，地役権）でなければならない。

① これらの民法上の制限物権には，存続期間または消滅時効が規定されており，著作権に存続期間が定められているのと違いがあるわけではない。

② 制限物権は，所有権の原始取得の態様とは異なっており，著作権を法定の制限物権と考える場合には，著作権の原始取得との間に違いは生じない。

③ 有体物に人格権が与えられないのであれば，批判やパロディの対象とすべき無体物にも人格権を与えるべきではない。著作者人格権は，人に対する人格権（一般人格権）であり，著作者人格権を一般的人格権と区別したり，無体物に人格権が与えられていると解釈したりすることが誤りであることは，［斉藤・著作権法概説（2014）67-70頁］において，すでに，論証されている通りである。

このように考えると，著作権法は，民法の制限物権の考え方，不法行為法，不当利得法の考え方と分離することはできないのであり，民法の特別法として体系化が薦められるべきである。

すなわち，著作物は，固定化を要件として，有体物と同様に，所有権（有体物の換価・処分，および，使用・収益を支配する権利）とその上に存在する動産を含めた有体物の制限物権（所有者の換価・処分権を除いて，所有者の使用・収益権を制限する物権）として性質決定されるべきであり，その制限物権の作用は，著作物の占有者または所有者のフェア・ユース（公正な利用）に反する不公正な利用だけを制限するものであり，フェア・ユースの権利は，著作物の占有者または所有者に残されていると考えるべきなのである。

<table>
<tr><td rowspan="2">所有者の換価・処分権
(譲渡権を含む)</td><td>所有者のフェア・ユース
（いわゆる著作権の制限）</td><td>著作者の著作権
（制限物権）</td></tr>
<tr><td>所有者の使用権</td><td>所有者の収益権</td></tr>
<tr><td colspan="3">著作物（固定化された無体物，または有体物）</td></tr>
</table>

第10章

出版権，著作隣接権の著作権への統合による簡素化

著作権法の対象は，容易に流通に置くことができ，公衆が繰り返し享受でき，いざという時に証拠として提出できる固定化された「思想又は感情の創作的表現」という有体物である。

しかし，著作物が著作権法の目的である「文化の発展に寄与する」ことができるようになるまでには，先に述べたように，4つの段階，すなわち，①創作活動としての著作，②著作の固定化としての著作物の生成，③固定化された著作物から元の著作への再現，そして，④再現された創作の享受というプロセスである。

以上のプロセスの段階に従って用語を定義し，各段階において保護すべき主体を以下のように規定するならば，著作権法は，シンプルな構造を持つことになり，市民にとってわかりやすい法律へと改善することができる。

① 著作の主体：著作者

② 著作の固定化（著作物の製作）の主体：出版社，レコード製作者など

③ 著作の再現の主体：実演家，放送事業者，有線放送事業者，映画製作者など

④ 著作の享受の主体：著作物の公正な利用者

具体的には，現在の著作権法の構造と，創作から享受までのプロセスに従った新しい著作権法の体系は，以下のようにまとめること

ができる。

■新しい著作権法の構造

第1章　総則

第1節　通則（目的，定義）

第2節　適用範囲

第2章　著作権の客体（著作物）

第3章　著作権の主体の権利及び義務

第1節　著作者

第1款　単独著作者

第2款　共同著作者

第1目　同時共同著作者

第2目　異時共同著作者（二次的著作権者）

第2節　著作固定化事業者

第1款　出版社

第2款　レコード製作者

第3節　著作再現者

第1款　実演家

第2款　放送事業者

第3款　有線放送事業者

第4款　公衆送信関連事業者

第5款　映画製作者

第4節　著作享受者

第1款　公正な利用

第2款　不公正な利

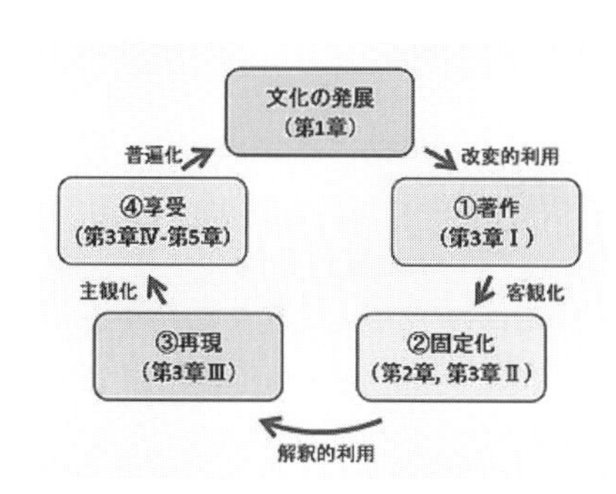

図12　文化的所産の利用サイクル説
（著作権法の改正の視点）

用（著作権侵害）

第1目　不当利得返還義務

第2目　損害賠償義務

第5節　著作権登録者

第1款　著作権登録の要件

第2款　著作権登録の効果

第1目　侵害訴訟原告適格

第2目　補償金

第3目　特別の保護期間

第4章　著作権の発生，変更及び消滅

第1節　著作権の発生

第2節　著作権の移転

第1目　著作権の契約による移転（著作権譲渡）

第2目　著作物の譲渡による移転（著作物の譲受人の物的負担）

第3節　著作権の消滅

第1目　保護期間の経過

第2目　相続人の不存在

第3目　著作権消滅請求

第5章　紛争処理

附則

上記の著作権法の改革案の具体的内容を解説することは，紙幅の関係上，別稿に委ねざるを得ないが，著作権法の中核的概念（著作権法の目的，公正な利用，創作的表現（著作，二次的著作），著作物，著作者，著作権，権利侵害（著作権侵害））の定義等に関しては，次章で改正私案と解説を行っている。

第 11 章

著作権法の中核概念に関する改正案の提案

本書において，私が目指している著作権法の改正の目的は，以下の二つである。

第1は，技術の進歩に合わせて弥縫的な改正を繰り返してきたことによって複雑化・難解化した現行著作権法を一般市民にも理解できるようにシンプルな構造に再構成することである。

第2は，定義規定がないために，明確な判断ができなかった概念（公正な利用（著作権法1条），創作的表現（著作権法2条1項1号），権利侵害（著作権法112条以下））の定義を明らかにすることにある。

例えば，現在の著作権法において，「生成AIの作成する作品の著作者は誰か」を明確にするためには，これまであいまいにされてきた「創作」とは何か，著作権侵害になるかどうかの判断にとって決定的な役割を果たしている「公正な利用」とは何か，そして，「生成AIに対してプロンプトで指令をしたユーザは，生成AIが生成した作品の著作者となり得るのか」という問いに答えることが必要であり，さらには，「著作者」とは何かの定義，または，再定義が必要となる。

本章（著作権法の中核概念に関する改正案の提案）では，これらの問題について，順を追って検討していく。

第１節　著作権法１条（目的）の改正案

著作権法を一般市民にもわかりやすいものとするためには，著作権法の目的を規定している著作権法１条（目的）の内容を，単に，著作権法の目的を記述するだけでなく，著作権法の全体像が明確になるように規定することが重要である。

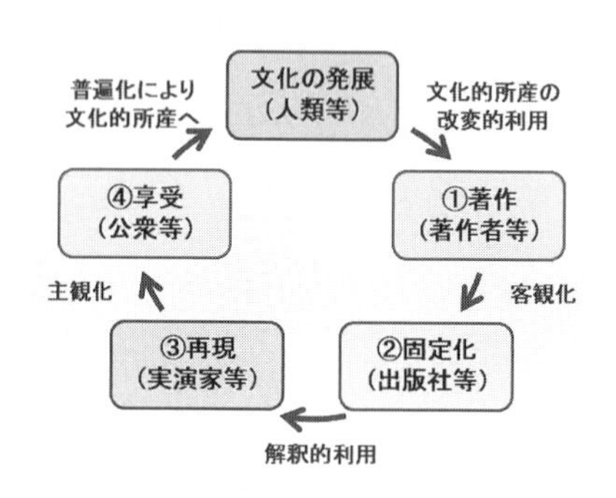

図13　文化的所産の利用サイクル説
（主体の行為中心）

本稿では，著作権が取り扱う世界を，「文化的所産の利用サイクル」として提示した（図３）。以下の説明の理解を容易にするため，この図を再度掲載しておくことにする。

この「文化的所産の利用サイクル」に従って，著作権法の目的を明確にするため，保護される主体を中心にして，また，著作権法の性質と著作権法の全体像を明らかにしつつ条文化すると以下のようになる。

著作権法　第１条（目的）（加賀山改正私案）

①この法律は，著作から享受に至る過程である，思想又は感情の創作的表現の生成としての「著作」，著作の固定化による「著作物の製作」，著作物からの「著作の再現」，「著作の享受」という四段階のそれぞれの段階に応じて，以下の者を保護する。

一　思想又は感情の創作的表現である「著作」を行う創作者（以下，「**著作者**」（共同著作者，二次的著作者及び職務著作者を含む）という。）

　　二　当該著作を利用の便に供するために固定化したものである「著作物」の製造業者（以下，「**著作固定化事業者**」（出版事業者，レコード事業者）という。）

　　三　固定化された著作物を創作的な思想又は表現へと再現する者（以下，「**著作再現者**」（実演家，公衆送信事業者（放送事業者，通信放送事業者を含む），映画製作者）という。）

　　四　著作又は著作物をフェア・ユース（以下，「公正な利用」という。）を通じて著作を享受する者（以下，「**著作享受者**」という。）

　②前項の目的を達するため，この法律は，著作物を入手したすべての所有者に対して，その著作物の利用を公正な利用に制限する法律上の**制限物権**（以下，「**著作権**」という。）を課す。

　③この法律は，前二項を規定することにより，一方で，著作物のすべての占有者又は所有者による著作物の不公正な利用（以下，「**著作権侵害**」という。）を抑制するとともに，他方で，著作物の公正な利用を促進し，もって文化の多様な発展に寄与することを目的とする。

以上の著作権法1条の改正案によれば，第1に，著作権の世界は，著作物を含む文化的所産の利用サイクルであることが明確となる。

サイクルの各段階においては，第1段階に位置する創作的表現としての「著作」も，実は，無から生じるものではなく，文化的所産の改変に過ぎないことが示されている。

なお，改変の程度は，先行する著作物の表現上の本質的特徴を残さないほどのものでなければならないこと，その本質的特徴が維持されている場合には，二次的著作になることが，本書の後の本文において示されることになる。

文化的所産の利用サイクルの第2段階である「固定化」も，「著作」を繰り返し利用するため，または，流通に資するために行なう著作の利用の一形態であることが示されている。

第３段階の「再現」も，固定化された著作，例えば，楽譜などのように，それ自身では，公衆が著作を享受できないものである場合に，固定化された著作である著作物を元の「著作」へと再現するものであり，楽譜の演奏を含めた実演がその典型例である。

第４段階の「享受」も著作物の利用の一形態であり，従来はこの段階においてのみ，「公正な利用」，または，「不公正な利用」が問題とされてきた。しかし，初めにさかのぼって，そもそも，思想・感情の創作的表現とされる「著作」自体も，著作物等の文化的所産の改変的利用の一形態であるとすれば，その改変が「公正な利用」ではなく，「不公正な利用」であれば，先行する文化的所産に対する権利侵害が問題となり得る。

このように考えると，著作権法の世界は，文化的所産の公正な利用サイクルを中心に展開していることが明らかとなる。

したがって，次の課題は，文化的所産の「公正な利用」とは何かを明らかにすることである。

第２節　公正な利用（著作権法１条）の定義と改正案

現行著作権法は，立法の当初から，その第１条（目的）において，「文化的所産の**公正な利用**に留意しつつ，著作権者等の権利の保護を図り，もって，文化の発展に寄与することを目的とする」と規定しており，「公正な利用」という用語は，法律の明文で認められた概念となっている。

「公正な利用」を英訳すると，それは，「フェア・ユース“fair use”」であり，米国連邦著作権法第107条に規定されている「**フェア・ユース**（著作権法違反にならない利用）」と同一の用語法である。

もちろん，言語的な意味が同一でも，法律上の意味が同じとは限らないのであり，従来の見解では，米国連邦著作権法第107条（[山本＝奥邨・フェア・ユースの考え方（2010）25頁］参照）における「フェア・ユース」の概念は，日本においては採用されていないと解されてきた。

しかし，2018年の著作権法改正によって，**「柔軟な権利制限規定」**として，**著作権法30条の4**（著作物に表現された思想又は感情の享受を目的としない利用），および，**著作権法47条の4**（電子計算機における著作物の利用に付随する利用等），並びに，**著作権法47条の5**（電子計算機による情報処理及びその結果の提供に付随する軽微的利用等）が導入されることによって，状況は一変している（詳細については，[上野「権利制限の一般規定――受け皿規定」(2017) 141-182頁］参照)。

なぜなら，それらの規定に共通している**「ただし書き」**に注目して，その「ただし書き」の要素である項目を列挙してみると，以下のようになるからである。

> 柔軟な権利制限規定（著作権法30条の4，47条の4，47条の5）
> ただし書きの共通項目
> 　①当該著作物の種類及び
> 　②用途並びに
> 　③当該利用の態様に照らし，
> 　④著作者の利益を不当に害するもの

以上の「ただし書き」の最後の項目④を裏返ししたもの（著作者の利益を不当に害するものではないこと）と，米国著作権法第107条の4つの考慮事項を列挙してみると，順番が違う箇所があるものの，その内容は，ほぼ同一といってよいほどに類似している。

すなわち，2018年の著作権法改正によって追加された**「柔軟な権利制限規定」のただし書きの最後の項目を裏返したものは**，まさに，米国連邦著作権法第107条の「フェア・ユース」（著作権法違反とならない利用）かどうかを判断する以下の４つの考慮事項と非常に似通ったものとなっていることがわかる。

> 著作物の利用がフェア・ユースとなるか否かを判断する場合に考慮すべき要素は，以下のものを含む。
> (1) 利用の目的および性格（使用が商業性を有するか又は非営利的教育目的かを含む）
> (2) 著作権のある著作物の性質
> (3) 著作権のある著作物全体との関連における利用された部分の量及び実質性
> (4) 著作権のある著作物の潜在的市場又は価値に対する利用の影響

以上の検討の結果を踏まえて，著作権法１条（目的）に明文で規定されている「公正な利用」とは，2018年に追加された「柔軟な権利制限規定」のただし書きの共通項目，および，米国連邦著作権法第107条のフェア・ユースの考慮事項を参照すると，以下のように定義できることがわかる。

> 著作権法　２条１項１号の２（加賀山改正私案）
> 公正な利用（著作権法違反とならない利用）　以下の各号を考慮した上で，著作物の利用が，当該著作物の著作者の権利を不当に害するものでないものをいう。
> 一　利用される著作物の種類及び用途
> 二　利用する側の当該利用の目的及び性質（単なる複製か，批判

的又は改変的利用か）
　三　利用する著作物全体との関連における利用部分の量及び実質
　四　依拠される著作物の潜在的市場又は価値に対する利用の影響

ここまでは，「公正な利用」を米国連邦著作権法との比較を交えて考察してきた。しかし，「公正」といえば，「公正」かつ自由な競争を促進しているわが国の独占禁止法との比較も行うべきであろう。

そもそも，著作権法は，公正な市場で取得した著作物の所有者の換価・収益権，使用・収益権の領域に属する「複製権」，「上演権及び演奏権」，「上映権」，「公衆送信権等」，「展示権」，「頒布権」，「譲渡権」，「貸与権」，「翻訳権，翻案権等」について，それらの権利（著作権の支分権）を著作者が独占（専有）することを認めるという，本来，独占禁止法に違反する行為を前提として成り立っている法律なのである。

しかし，著作権法が，著作者の著作権の保護期間（著作権法51条～58条）を設けて権利を制限していること，さらに，権利の制限規定（著作権法30条～50条）を設けて権利行使をかなりの程度抑制していること等を考慮して，独禁法21条【知的財産法による権利行使】は，「この法律〔独占禁止法〕の規定は，著作権法，…による権利の行使と認められる行為にはこれを適用しない」という例外を認めているのである。

したがって，著作権の行使が独禁法の予想を超える濫用的な権利行使であれば，その権利行使は，「不公正な取引方法」（独禁法18条の2～20条の7）として，違法となる場合があると考えるべきである。

従来は，著作権法における文化的所産の利用に関して，一方で，著作権者の権利行使は，独占禁止法の適用除外として適法とされ，他方で，著作物を利用する享受者に対しては，著作権侵害について明文の定義をしないまま，判例が作り上げた「依拠性」と「類似性」という根拠薄弱な理由に基づいて，民事制裁や過酷な刑事制裁を課してきた（[加賀山「著作権法革命」(2020) 29-46頁] 参照）。

しかし，本書が明らかにしているように，著作者も，実は，先行する著作物等の文化的所産の改変的利用を行っているに過ぎないのであるから，著作物の利用者（享受者）と同様に，著作者についても，その著作が，文化的所産の「公平な」利用であるかどうかを厳格に審査し，不公正な利用である場合には，その著作に著作権を認めないというように，著作者と享受者とを平等・公平に扱うことが必要である（[加賀山・創作性の厳格基準の必要性 (2020) 193-36頁] 参照）。

従来のように，一方で，個性さえ表れていたら「子供のお絵かきや日記」の類でも「創作性」を認めて著作物として認めておきながら，他方で，そのような創作性の低い作品にヒントを得て，そのような作品に依拠し，類似する作品を作成すると，著作権侵害として，厳しい制裁をするという，不公正な扱いは改めるべきであろう。

以上の検討を踏まえると，思想又は表現の創作的表現としての著作行為は，文化的資産の改変的利用に過ぎないのであるから，その改変行為が「創作」という要件を満たしているかどうかを判断するための定義規定を置く必要があると，私は考えている。すなわち，従来の見解のような，「個性が発露していればよい」とか，「選択の幅が確保されていればよい」というような著作者に甘く，享受者に厳格な「創作性」の定義は，根本から見直す必要がある。

それでは，「創作性」について，どのような定義をすべきであろうか。それが，次節（第11章第3節）の課題である。

第3節　創作的表現（著作権法2条1項1号）の定義と改正案

著作権法2条1項1号は，著作物を「思想又は感情を創作的に表現したものであって，文芸，学術，美術又は音楽の範囲に属するものをいう」と定義している。この中で，定義がないために分かりにくいのは，「創作的表現」における，「創作」の意味である。

従来は，創作の意味について，子供のお絵かきや日記を含めて，「何らかの個性が発露されていること」（通説）とか，「後発の創作を妨げないような選択の幅があること」（[中山・著作権法（2023）］72頁］などと説明されてきた。しかし，創作性のレベルを下げ過ぎると，そのような創作性の低いレベルの著作物に発想を得て，それに依拠して類似の作品を製作すると，「著作権侵害」として民事的，刑事的制裁を受けることになり，結果として，文化の発展が妨げられるおそれがある。

創作のもともとの辞書的意味は，「新しいものを作り出すこと」であるが，新しいものといっても，何もないところから突然に出現するものではない。**新しいものといわれるものも，必ず，何らかの文化的所産に依拠し，それを改変して別のものとして作られるの**である。

もっとも，「**創作とは**，創作者の個性・独自性ということを意味する」とし，「個性・独自性とは，**他の著作物に依拠することなく，独立して作成**されたものと言い換えることができる」［金井・民法で見る知的財産法（2012）95頁］という考え方もありうる。

しかし，**法令や判例に依拠せずに著作を行う法律家が存在するであろうか**。確かに，**法例や判例は，権利の対象にはならないものの，人類の叡智が結集**された**最高級の文化的所産であり，かつ，傑出した著作物であるであること**（著作権法13条（権利の目的とならない**著作物**）参照），**そして，法律家は，常に法令や判例という著作物に「依拠し，類似の作品を著作している」ことを忘れてはならない。**

そこで，本書では，文化的所産の利用サイクルの考え方に従って，創作的表現（著作）を以下のように定義する。

著作権法2条1項1号の2（加賀山改正私案）
創作的表現　文化的所産に依拠しつつ，それを公正かつ改変的に利用することによって，それとは別のものと評価されるものを作り出すことをいう（以下，「著作」という。）。

以上の創作に該当するものには，二種類のものが存在する。すなわち，通常の創作としての（一次的）著作，および，二次的著作の二つである。

二次著作については，既に，著作権法2条1項11号において，二次的著作とは，「著作物を翻訳し，編曲し，若しくは変形し，又は脚色し，映画化し，その他翻案することにより創作した著作物をいう。」と定義されている。

この定義を活かしながらも，本書では，最高裁平成13年判決（江差追分事件・上告審判決）で確立している判例準則を加味しながら，（一次的）著作と二次的著作の区別を以下のように定式化する。

著作権法　27条の2（加賀山改正私案）
二次著作と原著作（以下，「（一次的）著作」という。）との関係は，以下の各号の区別による。
一　（一次的）著作　著作のうち，依拠した文化的所産の表現上の本質的な特徴の同一性を残すことなく公正に改変し，それとは別のものと評価するものを作り出すことをいう。

二　二次的著作　著作のうち，依拠した著作物の表現上の本質的な特徴の同一性を維持しつつ，公正に改変して，原著作物とは別のものを作り出すことをいう。

創作に関する上記の定義は，創作であっても，文化的所産や先行する著作物の公正な使用によって行われるものであることを明らかにしている点で特色を有している。

また，（一次的）著作ばかりでなく，二次的著作においても，それが以下に述べる「公正な利用」に基づくものであれば，従来の見解とは異なり，（一次的）著作者の許諾が期待できない，パロディのような二次的著作物の場合においても，米国連邦著作権法107条のフェア・ユースの場合と同様，（一次的）著作者の許諾を必要としないという点でも特色を有している。

第4節　著作者（著作権法2条1項2号）の再定義と改正案

著作の定義が明らかになったので，著作の主体は，従来の「著作者」の定義である「著作物を創作する者をいう」で十分のようにも見える。

しかし，人間ではないのに自然言語を操ることができるという，生成AIの出現によって，人間が，自然言語でアイディアを表現に変えるように指示すると，文章ばかりでなく，画像や音楽についても「思想又は感情の創作的表現」を生成AIがなしうるようになった。

従来は，自然言語を操れるのは，人間だけであり，アイディアを表現に変換できるのは，人間だけであるとの神話が存在していた。しかし，生成AIの出現によって，この神話は打ち砕かれてしまったのである。

人間が自然言語でアイディアを出すと，生成AIが「思想又は感情を創作的に表現」するようになったことから，本来なら，創作的表現を行っている生成AIを表現主体である著作者と認めるべきである（最判平成5・3・30判時1461号3頁（智恵子抄事件）参照）。しかし，従来の定義は，創作的表現の主体は，人間であることを前提としているため，生成AIを著作者と認定することができない。

そうすると，生成AIが生成する作品は，すべてパブリックドメインに帰属することになる（最二判昭和59・1・20民集38巻1号1頁（顔真卿自書建中告身帖事件）参照）。

アイディアは豊富に思いつくが，表現方法でつまずいていた多くの人々が生成AIを利用するようになると，24時間，休みなしに稼働する生成AIによって生成される作品は，やがて，人間の著作物の大半をパブリックドメインに帰属する作品で覆いつくすようになることが予想される。そうすると，人間が生成しようとする著作物は，そのほとんどが先行する生成AIの生成する作品から選ぶしかないという事態が生じ，創作的な著作物は，生成AIの能力を超えるものだけに限定されることになってしまう。

しかしながら，将来的には，AIが人間の知的能力を超えてしまうというシンギュラリティ（技術的特異点）が現実のものとなることも起こり得る。そうなると，人間は，創造的な作品を作ろうとしても，出来上がった作品は，すでにパブリックドメインに存在する作品と同一のものに過ぎないとして，著作物とは認められなくなることが予想される。これが，著作権法が，その存在意義を失う瞬間であろう。

そこで，苦肉の策として，生成AIが生成する作品をプロンプトでアイディアを与えて，思想又は感情の創作的表現に実質的に寄与した人間を職務著作による著作者として認めることが模索されることになる。例えば，生成AIが生成する作品のうちの，プロンプトを与える人間と創作的表現を行う生成AIとの関係を使用者と派遣労働者の関係になぞらえ，職務著作の規定（著作権法15条）を類推適用して，生成AIが生成する作品を著作権法で保護される著作物として認定するという方法が考えられる［加賀山「生成AIと契約上の問題」(2024) 1-8頁］。

しかし，この方法も，生成AIに対してプロンプトを与える人間の派遣労働者と擬制できることを前提としており，類推を使った解釈論が成立するかどうかの限界事例であり，立法的解決による方法が望まれる。

以上の考察をふまえ，将来，無体動産にも，製造物責任法の適用範囲が拡大することを考慮するならば，著作者は，以下のように再定義するのが適切であると思われる。

著作権法2条1項2号（加賀山改正私案）

著作者　著作物を創作する者又生成AIをいう。生成AIの場合には，それによって創作された著作物が引き起こす侵害について，責任を担保する者（保証人）が存在すること及び生成AIと保証人の双方が著作権登録手続きによって登録されていることが必要である。

第5節　著作権侵害（著作権法112条以下）の定義と改正案

わが国は，著作権法制度に関するいわゆる無方式主義を採用している。したがって，著作権は，創作と同時に取得される（著作権法51条1項）。

しかし，インターネットの発達と普及によって，誰もが著作物を公表できるようになり，どのような著作物が存在するのか，世界にあふれる作品のうち，著作権を放棄したフリーの作品も数多く流通するようになっており，ある作品に依拠して類似の作品を作成した場合に，それが著作権侵害になるのか，パブリックドメインの作品を利用しただけに過ぎないため著作権侵害に該当しないのかが，不透明になっている。

特に，インターネットに存在する作品を利用する場合には，著作権侵害になるかどうかの判断が，曖昧となる。

そこで，ある作品を利用したことによって，いきなり著作権侵害罪を問われるという，不意打ちを防止するため，米国連邦著作権法は，著作権侵害を訴えるためには，著作者が著作物を登録する必要があるとして，不意打ち訴訟を抑制する措置を講じている（米国連邦著作権法411条（a））。

生成AIが生成する作品が氾濫するようになっている現在においては，著作権侵害を問われる危険性は大きくなっており，著作権侵害を問うための要件として，米国連邦著作権法と同様，著作権登録を要求することの妥当性は大きくなっていると思われる。

以上の検討を踏まえて，著作権侵害の定義に，登録を要件とする案を作成してみた。

著作権法第2条1項第26号（加賀山改正私案）
著作権侵害　周知の著作物又は著作権登録された著作物を不公正に利用することをいう。

第2節で，既に，「公正な利用」とは何かを定義しているため，その否定としての「不公正な利用」も，公正な利用の定義規定と同様の考慮事項を参考にして，容易に判断できると思われる。

結　　論

1　著作権法の世界——文化的所産の利用サイクル

知的財産権法の中で，著作権法は，情報を伝達する対象としてアイディアを保護する特許法等の産業財産権法との対比において，情報を伝達する手段として「思想又は感情の創作的表現」を保護するという特色を有するとされている（[島並＝上野＝横山・著作権法入門（2021）8頁（島並良執筆)］参照)。

しかし，本書では，著作権を単なる情報の伝達手段として考えるのではなく，以下のように，「文化的所産の利用サイクル」を実現する手段であると考える。

第1に，思想又は感情を創作的に表現する行為としての「著作」は，実は，何もないところから独立して生じるものではなく，文化的所産を改変的（transformative）に利用した結果に過ぎない。つまり，創作とされている「著作」も，実は，著作物の利用サイクルの一形態としての「改変的利用」なのである（「**著作**」＝文化的所産の改変的利用)。

第2に，著作は，繰り返し利用することができるように固定化され，流通に置くことができるように客観化されて「著作物」となる。つまり，著作物とは，「繰り返し利用」することができる有体物なのである（「**著作物**」＝繰り返し利用のための著作の固定化)。

第3に，著作物が実演家等によって「解釈的に利用」されて再現され，誰もが理解できるようになる。固定化された著作としての著作物は，例えば，楽譜のように，それだけでは，一般に理解できない場合がある。このような著作物を解釈して音楽として再現してく

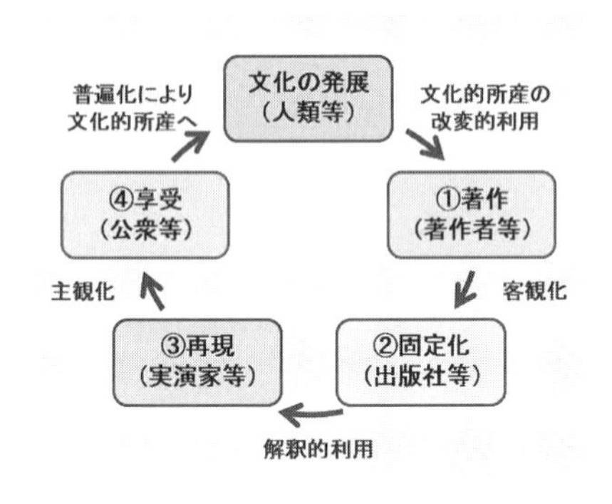

図14　文化的所産の利用サイクル
（全体像）

れるのが，実演等の「解釈的利用」なのである（「**再現**」＝著作物の解釈的利用）。

第4に，再現された著作は，公衆の頭の中で再び主観化され，享受されることによって多様な理解が生じる。つまり，著作の享受とは，著作物の「主観的利用」なのである（「**享受**」＝著作物の主観的利用）。

このようにして，著作は，客観化と主観化を繰り返しながら，多様に利用され理解され，やがて普遍化されて，文化的所産へと帰っていく。これが，著作権が扱うべき「文化的所産の利用サイクル」なのである（文化の発展への寄与＝著作物の多様な利用を通じた文化的所産への復帰）。

本書にオリジナリティがあるとすれば，著作権法の対象世界について，著作物の改変的利用，解釈的利用など，すべて「文化的所産の利用サイクル」の中で再構成している点にあると，私は考えている。

2　著作——思想又は感情の創作的表現

(1)　著作と著作物の区別

本書では，著作者の頭の中に生起する無体物としての「著作」と，無体物を紙（書籍など），キャンバス（絵画），フィルム（写真，映画），電磁的記憶媒体（ハードディスク，CD，SD，クラウドなど）に固定化した有体物としての「著作物」を厳格に区別している。

先に述べた著作から享受に至るプロセスのうち，最初の段階に位置するのが著作であるが，著作は，著作者の頭の中に生起するものにすぎず，非常に不安定な状態にある。したがって，無体物である「著作」は，固定化の手続きを経ずに，流通させたり，他人に伝達したり，享受させることは，不可能である。

そこで，本書では，創作という不安定な状態にある無体物は，それを固定化することによって，著作の流通，および，繰り返しの享受を可能することができるとの観点から，著作が媒体に固定化された有体物を著作物と呼ぶことにしている。

(2) 著作と著作物とを区別する理由

本書において，著作（無体物）と著作物（有体物）を厳格に区別する理由は，「著作」は普遍化された文化的所産の「改変的利用」という主観的な行為であるのに対して，「著作物」は，自分や他人が繰り返し利用できるように「客観化された物」だからである。

「著作」が客観化され固定化されて「有体物」となった以上，「著作物」は，もはや，著作者の分身とか，人格の発露とかではなく，他人の批判を含む評価を経て，将来的には，普遍化されて文化的所産へと帰っていく存在に過ぎないのである。

(3) 区別の結果としての著作者人格権の一般人格権への解消

したがって，本書では，著作物の神格化としての著作者人格権は基本的には極小化し，一般的な人格権へと還元するという立場に立っている。

3　著作物――著作の固定化，それを通じた著作の再現と享受

(1) 従来の著作物概念の破綻

著作権法の従来の通説・判例は，一致して著作物を無体物に限定し，絵画で最も価値の高い原作品や，価値の高い書籍などの複製物

を著作物から除外している。

しかし，このことは，一般常識と乖離しているばかりか，著作権の対象外とされる有体物である原作品に対して，著作権が原作品の所有権の処分権（譲渡権）をはく奪するという条文（著作権法26条の2第1項）によって，ほころびが生じ，かつ，著作権が専有するとされた原作品の譲渡権が，適法な譲渡後は，消尽するという規定（著作権法26条の2第2項）によって，理論的な破綻に陥っている。

そもそも，著作権は，著作物の「利用に関する排他権」に過ぎないのであって，所有権の対象となる有体物である原作品の処分権を害することはできないのである。

(2) 本書が，著作物を著作が固定化された有体物と考える理由

この点，本書のように，無体物である著作を固定化した有体物を「著作物」であるとし，その著作物の上に，所有権と用益物権である著作権が併存するという構成をとるならば，上記のような矛盾は生じず，さらに，民法との連続性・連携が回復されることにもなる。

思想又は感情の創作的表現という著作活動の原点に立ち返って考えるならば，著作者の頭に生起した思想又は感情の表現が無体物であることは明らかであるが，この無体物は，発生と消滅を繰り返す不安定な存在であり，他人に伝達することはおろか，他人が理解することはできない。そこで，著作者の頭の中にある思想又は感情の創作的表現を安定的で，他人に伝達でき，繰り返し利用して理解してもらえるように，固定化する必要がある。

(3) デジタル化されても，流通には固定化された媒体が必要

世間一般には，デジタル技術の発達により思想又は感情の創作的表現を固定することなく流通させることができるようになったという風評が伝播されているようである。しかし，デジタル技術も，思想又は感情の創作的表現を流通させたり，繰り返し利用させたりするためには，電磁的な記憶媒体に固定化した上で流通に置き，公衆に利用させているのであって，デジタル技術といえども，電磁的記憶媒体への固定化なしに流通させたり，繰り返し利用させたりすることはできないのである。すなわち，伝達媒体が，従来の媒体である紙（書籍）とかキャンバス（絵画）とかCD（音楽）等とは異なる媒体（コンピュータやクラウドのハードディスク等の電磁的記憶媒体）に代わっただけで，固定化が不要となったわけではない。

言い換えれば，著作者の思想又は感情の創作的表現を，他人の頭の中で再現し，享受させるためには，そのような創作的表現を安定化するための固定化の作業が不可欠であり，媒体に固定化されたものこそが，有体物としての「著作物」なのである。

著作権法が客体として保護しているのは，流通と繰り返しの利用が可能な固定化された創作的表現（有体物）であり，その著作物を保護することによって，著作者の創作（無体物）も，創作の固定化作業（出版等）も，媒体に固定化された著作物から元の創作への再現（実演，放送等）も同時に保護することができるのである。

4　著作権――著作物の上の所有権を「公正な利用」に制限する制限物権

(1)　著作権の法的性質に関する従来の説の誤り

著作権とは，著作物の利用（複製など）を専有（排他的に独占）する権利である（独占禁止法の例外（独禁法21条））。従来は，著作物を無体物に限ると考えられていたために，有体物に対する排他的な権利である民法の物権との関係が切断されてきた。

しかし，先に述べたように，現行著作権法は，有体物である原作品の譲渡権を専有すると規定しており（著作権法26条の2第1項），従来の学説である，著作権法の客体は無体物に限るという理論は著作権法の明文の規定に反していることは明らかである。

(2) 著作権とは，著作物上の制限物権である

有体物である著作物は，所有権の対象となり，所有者が所有することができる。しかし，著作物の所有者は，本来可能な換価・処分の権能，および，使用・収益の権能のうち，換価・処分は保持するが，使用・収益の権能は，公正な利用（著作権法 30 条～ 50 条参照）のみに制限される。言い換えれば，不公正な利用は，著作権侵害として禁止される。つまり，著作権は，著作物の所有権の上に法律によって設定された制限物権なのである。

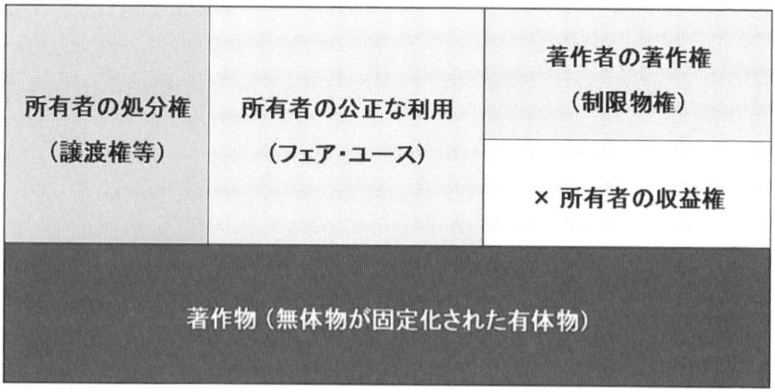

所有者の処分権
（譲渡権等）

所有者の公正な利用
（フェア・ユース）

著作者の著作権
（制限物権）

× 所有者の収益権

著作物（無体物が固定化された有体物）

著作物の所有者は，著作権という制限物権によって利用を制限されるが，公正な利用については，その利用を制限されることはない。

(3) 文化的所産の利用サイクルの考え方に基づいた著作権の構造の簡素化

現行著作権法は，中山信弘の言葉を借りると，「古くて立派な老舗旅館のようなもので，古くからの本館とそれに近年増設された新

館や別館があり，その間を渡り廊下で結び，迷子になりそうな感じの作りになっている（[中山・著作権法〔第2版〕(2014) 11頁]，[中山・著作権法〔第3版〕(2020) 13頁]，[中山・著作権法〔第4版〕(2023) 13頁]）」とされている。これらの比喩的表現である「古くからの本館」，「近年増設された新館」，「別館」は，以下のように解釈することが可能であろう。

「**古くからの本館**」とは，著作権法の源流である「出版条例」(1869年) 時代に確立した「出版権」であり，現在も，著作権の本体である支分権（著作権法21条～28条）ではなく，独立した章立ての「第3章 出版権（著作権法79条～88条）」として規定されている。

「**近年増設された新館**」とは，現行著作権法における著作権本体であり，著作権法の「第2章　著作者の権利（著作権法10条～78条の2）として規定されている。

「**別館**」とは，著作隣接権のことであり，この権利も，出版権と同様に，独立した章立ての「第4章　著作隣接権（著作権法89条～104条）」として規定されている。

これらの「古くからの本館」とそれに「近年増設された新館」や「別館」があり，その間を廊下で結び，迷子になりそうな感じの作りとなっている著作権法を一般の人々が理解できるようにシンプルな構造にすることが，著作権法の喫緊の課題となっている。

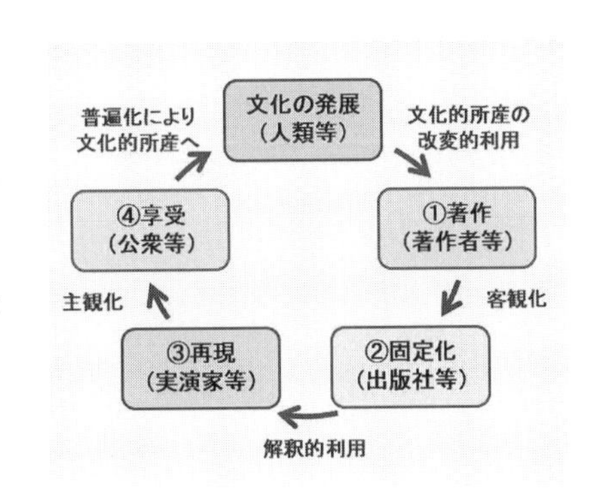

この課題を実現するため

には，本書が主張している，①著作，②著作の固定化による著作物の製作，③固定化された著作物からの著作の再現，それによる④公衆の享受というプロセスに従って，それぞれの段階における主体である，①著作者，②著作固定業者（出版社，レコード製作者），③著作再現者（実演家，放送事業者，有線放送事業者，公衆送信事業者，映画製作者），そして，④著作を公正に利用する享受者たちを著作権本体の中で，平等または公平に保護することが必要なのである。

5　フェア・ユース——「公正な利用」の判断基準

(1)　著作権法1条「公正な利用」と米国連邦著作権法107条「フェア・ユース」

著作権法第1条（目的）の中で，「文化的な所産の公正な利用に留意しつつ」という表現が用いられている。ここでの，文化的な所産とは，主として，著作物のことを意味しているのであるから，著作権法の目的を定めている1条は，著作物の「公正な利用」，英訳すれば，フェア・ユースに留意すべきことを明文で規定していることになる。

フェア・ユースというと，アメリカ法の規定を指すことが一般的である。そのフェア・ユースの規定とは，アメリカ合衆国連邦著作権法第107条のことであり，以下のように規定されている（詳細については，［山本＝奥邨・フェア・ユースの考え方（2010）］参照）。

米国連邦著作権法第107条（権利の制限としてのフェア・ユース）

著作物の利用がフェア・ユースとなるか否かを判断する場合に考慮すべき要素は，以下のものを含む。

(1)　利用の目的および性質（利用が商業性を有するか，または，非営利的教育目的かを含む）

(2) 著作権のある著作物の性質
(3) 著作権のある著作物全体との関連における，利用された部分の量および実質性
(4) 著作権のある著作物の潜在的市場または価値に対する利用の影響

以上のすべての要素を考慮してフェア・ユースが認定される場合，著作物が未発行であるという事実自体は，認定に影響を及ぼさない。

アメリカ合衆国の連邦著作権法第107条は，以上のように，著作物の利用が，日本の著作権法では違反となる場合であっても，公正利用（フェア・ユース）に該当する場合には，表現の自由を重視して，著作権法違反とならないことを規定している。

最も重要な考慮要素は，第4項目であり，著作権法違反を疑われている著作が，「単に元の創作の『目的に取って代わる』だけ」ではなく，「さらなる目的または異なる性質を持つ新しい何かを追加し，新しい表現，意味づけ，およびその他の方法で最初の著作物を改変する（transformative）もの」である場合には，著作権違反にならないという方向に導く可能性が大きい（Campbell v. Acuff-Rose Music, Inc., 510 U. S. 569, 579）。

(2)「公正な利用」の法律要件と考慮事項の関係

米国連邦著作権法107条に規定されている上記のフェア・ユースをわが国に導入することに対しては，斉藤博が，アメリカ著作権法107条のフェア・ユースは，「すでにその内容が詰まったものであり，日本に持ち込んだとしても，独自に自由に使いこなせるものとは言えないように思われる。」との否定的な見解を示している［斉藤・著作権法概説（2014）161頁］。

しかし，アメリカのフェア・ユースの法理は，上記のように，柔軟に解釈できる4つの考慮事項を駆使して，柔軟な解釈ができるよ

うになっており，現在に至っても，それらの考慮事項を統一する法律要件を導くことができないほどに流動的で柔軟な概念である。

ところで，わが国の私法の規定は，そのほとんどが，法律要件と法律効果の組み合わせから成り立っており，法律要件の解釈を左右する「考慮事項」という概念に慣れ親しんでいない。しかしながら，最近では，製造物責任法２条２項において，「欠陥」の定義（法律要件）を以下のように定めている例がみられるようになっている。

②この法律において「**欠陥**」とは，**当該製造物の特性**，その**通常予見される使用形態**，その**製造物を引き渡した時期**その**他の当該製造物に係る事情を考慮**して，**当該製造物が通常有すべき安全性を欠いていること**をいう。

上記の条文における「考慮事項」については，裁判官は，それぞれの事項について，例えば，以下のような考慮をすることが義務づけられる。もっとも，それらの考慮事項を考慮した上でなら，自由心証主義の下で，「欠陥」の法律要件である「当該製造物が通常有すべき安全性を欠いていること」が充足されているかどうかを判断することになる。

「製造物の特性」…「機械もの」といわれている，消費者による検査等が比較的に容易なものか，「化学もの」といわれるように，消費者による検査が困難なものかどうかなど。
「通常予見される使用形態」…「機械もの」なら，注意して利用するが，「化学もの」は，安心して利用することが多いことなど。
「製造物を引き渡した時期」…その時期までに当該製品に欠陥があることの科学的知見が得られていたかどうかなど。

(3) フェア・ユースの考慮事項から法律要件への接近

このように考えると，上記に示した米国連邦著作権法107条に規定されたフェア・ユースの法律要件を4つの考慮事項に従って判断することは，わが国の裁判官にとっても，自由に判断することができないわけではないと思われる。

さらに，最近の米国の判例（例えば，Andy Warhol Foundation for the Visual Arts, Inc. vs. Goldsmith et al.（https://www.supremecourt.gov/opinions/22pdf/21-869_87ad.pdf））を分析すると，著作物の改変を伴わない利用については，4つの考慮事項が平等に考慮されているが，著作物の改変的（transformative）利用が伴うような案件については，フェア・ユースの要件事実が，わが国の場合と同様に，「著作権侵害が疑われている行為が，先行する著作物の潜在的な市場を含めて，当該市場を乗っ取るような行為であるかどうか」，すなわち，日本の著作権法の30条の3等で規定されている「当該著作物の種類及び用途並びに当該利用の態様に照らし著作権者の利益を不当に害することとなる場合」であるかどうかが，決定的な影響を及ぼしているように思われる。

6　著作権侵害――著作物の不公正な利用

本書で展開した理論によれば，著作権は，著作物の所有者又は占有者に対して，その利用を公正な利用に制限する物権であるため，著作物の所有者又は占有者が不公正な利用をして，不当な利益を得たり，不当な損害を生じさせたりして，著作権を侵害した場合には，著作権者は，侵害者に対して，不当な利益の返還，または，不当な損害の賠償を請求することができることになる。

しかし，すべての著作物は，先行作品に依拠して，その結果，類似する作品を含めて多様な著作物が生成され，文化の発展に寄与しているのであるから，先行作品に依拠していることを理由に著作権侵害であるとすることは，著作権法の趣旨に反する。したがって，以下に述べるように，著作権侵害に対する制裁はよほど悪質な場合に限定し，通常の場合は，違反行為を罰するよりも，違反された著作物の著作者に相応の補償をすることに注力すべきであると，私は考えている。

7　制裁よりも補償――文化の発展は依拠に始まる

現行著作権法の最大の問題点は，驚くべきことに著作権侵害の定義を有していないということである［島並＝上野＝横山・著作権法入門（2021）304 頁］。

このため，著作権法の学説・判例は，著作権侵害の要件として，ある著作物が先行著作物に依拠して作成され，先行著作物と同一又は類似している場合には，先行著作者に対する著作権侵害があるという法理を打ち立てている。

しかし，すべての著作物は，全く独立して作成されることはないのであって，いずれかの先行著作物に依拠して作成される。したがって，その結果が同一・類似のものであっても，それが思想又は感情の創作的表現であるとすれば，それは，著作物の公正な利用の一つであり，著作権侵害と認定すべきではない。

いずれにせよ，現行著作権法は，著作権侵害の定義も要件も規定していない。もっとも，被害者を救済するために，学説や判例の準則に従って，不当利得の返還請求や損害賠償請求をすることには合理性がある。しかし，刑事罰については，人権侵害を防止するため，罪刑法定主義が順守されるべきであり，著作権侵害の明文の定義，明文の構成要件が欠如しているまま，刑事罰を科すべきではない。

したがって，現行著作権法において，著作権侵害の定義と要件が明文で規定されるまで，著作権法上のあらゆる罰則の執行を停止すべきである。

＊＊＊

著作権法の目的は，文化の発展に寄与することにある。著作物を通じて文化の発展に寄与するためには，思想又は感情の創作的表現を促進することが重要であるが，創作的表現をするためには，優れた作品に依拠することが必要かつ不可欠である。

先行作品に依拠しつつも，異なる視点から，先行作品を改変（トランスフォーム）して，創作的表現をすることができれば，それは，新しい著作物であり，そのような創作活動は，著作物の公正な利用である。

ただし，著作権法は，著作者が著作物を生成するための先行投資を保護するものでもあるため，先行著作物に依拠しつつも，先行著作物を変換して創作された著作物が，先行著作物の潜在的な市場を含めて，その著作物の市場価値を乗っ取るものでないことが必要である。

現行著作物が，著作権の制限規定を設ける中で，「ただし，当該著作物の種類及び用途並びに当該利用の態様に照らし著作権者の利益を不当に害することとなる場合は，この限りでない。」（著作権法30条の3（検討の過程における利用），30条の4（著作物に表現された思想又は感情の享受を目的としない利用），31条（図書館等における複製等），35条（学校その他の教育機関における複製等），36条（試験問題としての複製等），41条の2（裁判手続等における複製等），42条（立法又は行政の目的のための内部資料としての複製等），42条の2（審査等の手続における複製等），47条の4（電子計算機における著作物の利用に付随する利用等），47条の5（電子計算機による情報処理及びその結果の提供に付随する軽微利用等），67条の2（裁定申請中の著作物の利用））と規定されているのは，フェア・ユースを反対側から規定したものと考えることができる。

＊＊＊

このように考えると，著作物を通じて文化の発展に寄与するための著作権法は，著作権侵害を罰するのではなく，著作権侵害をされた著作物の著作者に補償することが重要であると考える。依拠されるのは優れた作品であることの有力な証拠なのであるから，不公正な利用によって依拠された著作物こそが文化の発展に寄与していることになる。したがって，違法に依拠された著作物の著作者に対して補償を行うことは，文化の発展に寄与する有効な方法である。したがって，著作権侵害をした者を罰するのではなく，違法に依拠された著作物の著作者に対して補償を行うことは，文化の発展に寄与する優れた方法の一つであると，私は考えている。

おわりに

1　私の従来の専門分野（民法，消費者法，法情報学，法と経営学）

本書の著者である私（加賀山 茂）の専門分野は，民法である。私は，大阪大学（法学部および法学研究科博士課程）の出身であり，恩師である浜上則雄教授から理想的な指導を受けることができたが，最初の就職先が国民生活センターであり，1979年から1984年の4年半にわたって消費者保護の実務を経験したため，専門分野が民法と消費者法に広がることになった。

その間，消費者保護の業務の傍ら東京都立大学の野村好弘教授の推薦で，東京都立大学の民法の非常勤講師を勤めさせていただいたことから，同じく同大学で法哲学の非常勤講師をされていた明治学院大学の吉野一教授との接点が生まれ，吉野一教授の「法律エキスパート研究会」のメンバーとなって，法情報学の研究を開始することができた。

1984年に母校の大阪大学教養部の常勤講師となって，母校に戻り，3年間，大阪大学の基礎工学部の先生方と知識科学の研究を行ったり，基礎工学部，理学部，医学部の学生たちに法学を教えながら，学生たちから，コンピュータ・プログラミングの手ほどきを受けたりしたこともあって，論理プログラミングに精通するようになった。

以上のような理由で，私の最初の著書は，民法ではなく，『法律家のためのコンピュータ利用法――論理プログラミング入門――』（有斐閣，1990）であって，本来の専門分野である民法の最初の著書である『民法体系1』（信山社，1996）よりも，5年以上も早く，法情報学に関連する本を出版することになった。その後も，大阪大学の民法講座の助教授・教授として，民法研究をする傍ら，法情報学の研究を継続し，その成果を加賀山茂＝松浦好治編著『法情報学――ネットワーク時代の法学入門――』（有斐閣，1999/11），〔第2版〕（2002/12）として公表している。

その後，私は，名古屋大学に移籍して，民法，消費者法，法情報学の研究をしながら，名古屋大学でのアジア法整備支援の事業に参画し，アジア各国で民法を英語で講義するという貴重な経験を積むことができた。

わが国に法科大学院が導入されたことを契機に，吉野一教授の要請を受けて，私は，名古屋大学から明治学院大学に移籍し，法曹育成のための教育研究に携わるとともに，法学研究科で研究指導を行うことになった。そして，研究指導によって大学院生の博士論文の執筆を促し，主査として6名の課程博士，1名の論文博士を輩出することができた。

明治学院大学の法科大学院が役割を終えた後は，私は，それに代わる「法と経営学研究科」の設立に努め，初代の研究科委員長として，「法と経営学」という学問の発展に努め，後に「法と経営学会」という学会を設立することができた。その間，明治学院大学大学院「法と経営学」研究科において，大学院生の育成にも携わった。

本書を執筆するにあたって，約1年間，著作権法の共同研究を行って，本書の中核概念となる「文化的所産の利用サイクル」というアイディアを協力して作り上げてくれた小國裕亮氏は，明治学院大学大学院「法と経営学研究科」（修士課程）の第一期生である。

小國裕亮氏は，その後，明治学院学法学研究科の博士課程に進み，敵対的買収，および，企業価値の算定方法論の研究を続けつつ，学校法人片柳学園の日本工学院専門学校に就職したが，従来の研究上の関係を継続してきた結果，現在では，私の研究仲間の一人として，様々な共同研究を行っている。本書の執筆に際しても，小國裕亮氏と私は，約1年間にわたって，ほぼ毎週1回のペースでZoomでの共同研究を行っており，小國裕亮氏には，本書の構想を練り上げる際にも多大な貢献をしていただいた。

2　私と著作権法とのかかわり

私は，1990年から著書の出版を行っており，著作者の立場にある一人である。しかし，著作権法については，情報公開と著作権法とが関連する問題について，判例研究（「いわゆる情報公開条例に基づく建設図面の公開請求に対して，未公表の著作権を理由に非公開決定をすることの適法性――東京高判平3・5・31判時1388号22頁，判タ766号109頁――」阪大法学163号（42巻1号）（1992/08）205-219頁）を行ったことがある程度で，著作権法とは，ほとんど関わりをもたなかった。

しかし，2017年に明治学院大学を定年退職した際に，日本経営実務法学会を一緒に立ち上げたことから研究仲間となっていた吉備国際大学の生駒正文教授の勧めを受けて，2018年から吉備国際大学大学院・知的財産学研究科において，大学院生に対して，民法の他に，著作権法の研究指導をすることになった。これを契機として，私は，著作権法の研究を開始し，同大学院知的財産学研究科の先生方と交流しながら，著作権法の研究・教育を実践することになった。

同大学院には，知的財産法の多くの研究者・実務家が在籍されており，それらの先生方から研究上の多くのアドバイスを受けた。特に，土肥一史教授からは，著作権法研究上の様々なヒントをいただいた。そのおかげで，著作権法研究の最初の成果として，［加賀山

「著作権法革命」(2020) 29-46頁]，および，[加賀山「創作性の厳格基準」(2020) 19-36頁] を公表することができた。

生駒正文教授からは，2021年に私が吉備国際大学大学院知的財産学研究科を退職した後も，知的財産権に関する原稿依頼を続けて下さり，2024年には，「生成AIが生成する作品の著作権者は誰か」という問題について，解釈学の立場から執筆した，[加賀山「生成AIと契約上の問題」(2024)] を公表することができた。

3 謝　辞

私が本書を執筆することができたのは，様々な方面の方々の学恩に負うところが大きい。

第1に，私に法情報学の重要性を教えてくださったのは，吉野一・明治学院大学名誉教授である。私がまだ研究者の仲間入りをする以前の国民生活センターの一職員であった時から，私を研究者とみなして，私の研究環境を整えてくださり，法哲学，法情報学等の議論に誘ってくださった。法律エキスパートシステム研究会における法律人工知能の研究が始まった際には，私は，大阪大学の助教授になっており，研究会の主要メンバーに迎えていただき，AI & Lawという研究では，海外の法情報学の研究者の集まりで報告する機会も与えていただいた。本書の重要なテーマである生成AIが生成する作品の著作物に関する考え方は，以上のような吉野一教授との間の長い研究の積み重ねの上に成り立っており，吉野一教授の学恩に心から感謝の意を表したい。

第2に，生成AIが出現してからは，私と共に真庭市の政策アドバイザーとなった原口 誠・北海道大学名誉教授，および，伊東 栄典・九州大学情報基盤研究開発センター准教授のお二人からは，生成AIの内部構造について説明をしていただいた。さらに，生成

AIの劇的な発展の折に触れて，その変化のポイントを含め，詳しい解説をしていただき，生成AIを活用する際の注意事項についても，さまざまなご指導をいただいた。

第3に，先にも述べたように，私を著作権法研究に導いてくださった，生駒正文・吉備国際大学大学院教授にも，心から感謝したい。私が同大学大学院を退職してからも，生駒教授は，私に対して雑誌（特許ニュース）への寄稿を継続的に依頼してくださった。このことによって，私の著作権法研究が大きく進展する原動力となったことは疑いがない。

第4に，この1年間，本書の執筆中に，著作権法の共同研究者として様々な発想によって私を鼓舞してくれた小國裕亮氏（明治学院大学法学研究科博士後期課程）にも，深く感謝したい。今後とも，小國氏とは，著作権法の共同研究を進めていきたいと考えている。

第5に，刑事法に造詣の深い渡辺靖明氏（明治学院大学・法政大学非常勤講師）は，著作権法の刑事罰に関して，私の様々な質問に答えてくださり，関連する関連論文を紹介してくださった。

最後に，学術書の出版が困難を極めるこの時期にも拘わらず，本書の出版を快く引き受けてくださり，私の原稿に対して，編集者の立場から，的確なアドバイスをいただいた信山社の稲葉文子氏，および，袖山貴代表取締役に心からお礼を申し上げたい。

＊＊＊

本書が著作権法を難解だと考えていた人々にとって，著作権法の全体像は，実は，「文化的所産の利用サイクル」というシンプルな構造をしていることを理解していただけるならば，本書の意義は充分に果たされることになる。

そして，著作権は，民法の物権法（制限物権）と連続していることを理解していただければ，民法学者としての私の役割が果たされたことになる。

さらに，本書によって，読者の方々が，著作権法の行き過ぎた著作者保護が，文化の発展にブレーキをかけている側面が少なからず存在していることに気づいていただいた上で，この点を解決することが著作権法の改正の課題であることを理解いただけるならば，私が，本書を出版した目的がすべて果たされることになる。

以上の私の目標が，本書を手にしていただいた読者の皆様によって果たされることを心から祈りつつ，前もって感謝させていただく次第である。

〈参照文献〉

［アドビ基本利用条件］
https://openai.com/ja-JP/policies/terms-of-use/
［鮎川・腐敗する法の番人（2024）］
鮎川潤『腐敗する「法の番人」――警察，検察，法務省，裁判所の正義を問う――』平凡社新書（2024/2/15）
［今村「拡大集中許諾制度」（2017）309-335頁］
今村哲也「拡大集中許諾制度導入論の是非」［中山＝金子・しなやかな著作権制度（2017）］所収309-335頁
［上野「有体物と無体物」（2016）］
上野達弘「有体物と無体物（顔真卿自書建中告身帖事件：上告審）」『著作権法判例百選』〔第5版〕別冊ジュリスト231号（2016/12/15）4-5頁
［上野「権利制限の一般規定――受け皿規定」（2017）］
上野達弘「権利制限の一般規定――受け皿規定の意義と課題――」中山信弘＝金子敏哉『しなやかな著作権制度に向けて――コンテンツと著作権の役割――』信山社（2017/3/30）所収141-182頁
［上野「柔軟な権利制限規定」（2019）］
上野達弘「改正法における『柔軟な権利制限規定』の意義と課題」城所岩生＝中山信弘他『これでいいのか！2018年著作権法改正』インプレスR&D（2019/4/2）所収24-32頁
［上野＝奥邨・AIと著作権（2024）］
上野達弘＝奥邨弘司（編著）愛知靖之＝横山久芳＝前田健＝今村哲也＝谷川和彦（著）『AIと著作権』勁草書房（2024/2/20）
［岡村・著作権法（2021）］
岡村久道『著作権法』〔第5版〕民事法研究会（2014/9）
［Open AI利用規約］
https://openai.com/ja-JP/policies/terms-of-use/
［加賀山「著作権法革命」（2020）］
加賀山茂「著作権法革命――著作者第一主義から著作利用者第一主義へのパラダイム転換――」『知的財産法学の世界――吉備国際大学知的財産学研究科10周年記念 土井輝生先生追悼記念，久々湊伸一先生米寿記念論文集』マスターリンク（2020/1/31）29-46頁
［加賀山「創作性の厳格基準」（2020）］
加賀山茂「法学分野の著作における創作性の厳格基準の必要性――文化の発展を阻害する著作権法20条（同一性保持権）の制限解釈の試み」加賀山茂＝

〈参照文献〉

金城亜紀責任編集『法と経営研究』〔第3号〕信山社（2020/02/29）193-36頁
［加賀山「生成AIと契約上の問題」(2024)］
加賀山茂「生成AIと契約上の問題」特許ニュース2024年8月15日号1-8頁
［カーツワイル・シンギュラリティはより近く（2024)］
レイ・カーツワイル（高橋則明訳）『シンギュラリティはより近く――人類がAIと融合するとき』NHK出版（2024/11/25）
［金井・民法で見る知的財産法（2012)］
金井高志『民法で見る知的財産法』〔第2版〕日本評論社（2012）
［金子「同一性保持権侵害と改変」(2017) 375-436頁］
金子敏哉「同一性保持権侵害の要件としての「著作物の改変」――改変を認識できれば「改変」にあたらない説――」［中山＝金子・しなやかな著作権制度（2017)］所収375-436頁
［城所・フェア・ユース（2016)］
城所岩生『フェアユースは経済を救う――デジタル覇権戦争に負けない著作権法』インプレス（2016/12/6）
［城所・音楽はどこへ消えたか（2018)］
城所岩生『音楽はどこへ消えたか？――2019改正著作権法で見えたJASRACと音楽教室問題』みらいパブリッシング（2018/12/11）
［城所他・2018年著作権法改正（2019)］
城所岩生＝中山信弘他『これでいいのか！2018年著作権法改正』インプレスR&D（2019/4/2）
［栗田「AIと人格」(2018)］
栗田昌裕「AIと人格」山本龍彦編『AIと憲法』日本経済新聞出版（2018/8/24）所収201-247頁
［小泉他・条解著作権法（2023)］
小泉直樹＝茶園成樹＝蘆立順美＝井関涼子＝上野達弘＝愛知靖之＝奥邨弘司＝小島立＝宮脇正晴＝横山久芳『条解 著作権法』弘文堂（2023/6/15）
［小島「著作権教育の現状と課題」(2017) 517-556頁］
小島立「いわゆる「著作権教育」の観察と分析から得られる著作権制度の現状と課題について」［中山＝金子・しなやかな著作権制度（2017)］所収517-556頁
［コナリー・失われたものたちの本（2015)］
ジョン・コナリー（田内志文訳）『失われたものたちの本』創元推理文庫（2015/9/30）

[斉藤・著作権法概説（2014)]
斉藤博『著作権法概説』勁草書房（2014/12/15）
[作花・著作権法（2022)]
作花文雄『著作権法〔三訂版〕』放送大学教育振興会（2022/3/20）
澤田「建築作品の保存における所有権と著作権（2017）437-460頁」
澤田悠紀「建築作品の保存――所有者による通知の義務・作者による取戻の権利――」[中山＝金子・しなやかな著作権制度（2017)] 所収437-460頁
[潮海「フェア・ユース規定の役割」(2017)]
潮海久雄「大量デジタル情報の利活用におけるフェアユース規定の役割の拡大――著作権法（個別制限規定）の没落と自生的規範の勃興――」[中山＝金子・しなやかな著作権制度（2017)] 所収183-253頁
[設楽・有体物と無体物（2019)
設楽隆一「有体物と無体物（顔真卿自書建中告身帖事件：上告審)」『著作権法判例百選』〔第6版〕別冊ジュリスト242号（2019/3/15）4-5頁
[白田「人物表現の類似判定」(2017）595-662頁]
白田秀彰「マンガ・アニメ・ゲームの人物表現における類似判定に関する調査報告」[中山＝金子・しなやかな著作権制度（2017)] 所収595-662頁
[白田「キャラクターの本質的特徴について」(2017）663-682頁]
白田秀彰「マンガ・アニメ・ゲームにおけるキャラクターの本質的特徴について」[中山＝金子・しなやかな著作権制度（2017)] 所収663-682頁
[白辺・生成AI（2023)]
白辺陽『生成AI――社会を激変させるAIの想像力』SB Creative（2023/6/8）
[島並＝上野＝横山・著作権法入門（2021)]
島並良＝上野達弘＝横山久芳『著作権法入門』〔第3版〕有斐閣（2021/3/31）
[末弘・嘘の効用（1923)]
末弘厳太郎『嘘の効用』改造社（1923/7/3）1-48頁（末弘厳太郎「嘘の効用」『役人学三則』岩波現代文庫（2000/2/16）所収67-113頁）
[瀧内・画像生成AI（2023)]
瀧内賢『これからのAI×Webライティング本格講座 画像生成AIで超簡単・高品質グラフィック作成』秀和システム（2023/12/18）
[田中「最強の著作権制度」(2017)]
田中辰雄「ぼくのかんがえたさいきょうのちょさくけんせいど――新しい方式主義の構想――」[中山＝金子・しなやかな著作権制度（2017)] 所収21-79頁
[田中「フェア・ユースの是非」(2017）557-594頁]
田中辰雄「フェアユースの是非――クリエイターの意見――」[中山＝金子・

しなやかな著作権制度（2017）］所収 557-594 頁
［張「韓国における権利制限の一般規定」（2017）255-286 頁］
張睿暎「権利制限の一般規定の導入と運用 ── 韓国の経験から ── 」［中山＝金子・しなやかな著作権制度（2017）］所収 255-286 頁
［土肥・知的財産法入門（2019）］
土肥一史『知的財産法入門』〔第 16 版〕中央経済社（2019/3/1）
［茶園・著作権法（2021）］
茶園成樹『著作権法』〔第 3 版〕有斐閣（2021/12/25）
［寺本振透「模倣の社会的意義」683-701 頁］
寺本振透「模倣の社会的意義を見極める方法を考える」［中山＝金子・しなやかな著作権制度（2017）］所収 683-701 頁
［中山・著作権法（2007）］
中山信弘『著作権法』〔初版〕有斐閣（2007/10/10）
［中山・著作権法（2014）］
中山信弘『著作権法』〔第 2 版〕有斐閣（2014/10/10）
［中山・著作権法（2020）］,
中山信弘『著作権法』〔第 3 版〕有斐閣（2020/8/30）
［中山・著作権法（2023）］
中山信弘『著作権法』〔第 4 版〕有斐閣（2023/10/30）
［中山・ある知的財産法学者の軌跡（2022）］
中山信弘『ある知財法学者の軌跡 ── 知的財産法学にいざなわれて ── 』弘文堂（2022/4/30）
［中山＝金子・しなやかな制度（2017）］
中山信弘＝金子俊哉『しなやかな著作権制度に向けて ── コンテンツと知的財産法の役割 ── 』信山社（2017）
［Newton・ChatGPT 徹底解説（2023）］
Newton 別冊『生成 AI がもたらすおどろきの世界 ChatGPT 徹底解説』ニュートンプレス（2023/10/25）
［半田・著作権法概説（2015）］
半田正夫『著作権法概説』〔第 16 版〕法学書院（2015）
［藤本「アジアにおける海賊版マンガから正規版への移行過程」463-515 頁］
藤本由香里「アジアにおける海賊版マンガから正規版への移行過程と残る諸問題 ── 台湾とタイの事例を中心に ── 」［中山＝金子・しなやかな著作権制度（2017）］所収 463-515 頁
［渕「イギリスにおける公益の抗弁」（2017）287-308 頁］
渕麻依子「イギリスにおける公益の抗弁について ── 権利制限の一般規定を

目指す我が国に与える示唆――」［中山＝金子・しなやかな著作権制度（2017）］所収 287-308 頁
［ブレグマン・隷属なき道（2017）］
ルトガー・ブレグマン『隷属なき道―― AI との競争に勝つベーシックインカムと一日三時間労働――』文藝春秋（2017/5/25）
［前田「著作権法の設計」（2017）81-140 頁］
前田健「著作権法の設計――円滑な取引秩序形成の視点から――」［中山＝金子・しなやかな著作権制度（2017）］所収 81-140 頁
［山本・著作権法（1969）］
山本桂一『著作権法』有斐閣（1969/1/19）
［山本・アメリカ著作権法（2008）］
山本隆司『アメリカ著作権法の基礎知識』〔第 2 版〕太田出版（2008/10/29）
［山本＝奥邨・フェア・ユースの考え方（2010）］
山本隆司＝奥邨弘司『フェア・ユースの考え方』太田出版（2010/8/20）
［横山「引用とパロディ」（2017）337-373 頁］
横山久芳「引用規定の解釈のあり方とパロディについて」［中山＝金子・しなやかな著作権制度（2017）］所収 337-373 頁

索　引

あ　行

アイディアをプロンプトで入力……90
新しいタイプの二次的著作物……112
アドバイザーの地位……67
アメリカ合衆国連邦著作権法107条……118, 150, 151
RGB アドベンチャー事件……44, 46
安易な民法依存……80
行き過ぎた著作者保護……162
依　拠……155
　――し，類似の作品を著作……138
　――することを抑圧……57
依拠性……136
囲　碁……37
依存性……117
一億総クリエイター時代……19, 85
(一次的）著作……97, 98, 119, 138
一読して理解できる……87
一般人格権……62, 65, 66, 145
違法ダウンロード……58
異様さ……112
「引用」の範囲をも逸脱……118
上野達弘説……27
浮世絵を模写した絵画……100
映　画……80
江差追分事件……97, 99
お菊の幽霊……112
小倉百人一首……116
OpenAI……35
思い入れ……61
オリジナリティ……144

か　行

絵画の原作品……25
開発事業者の免責……91
回避装置製造罪……59
学問は，こうでなければならない……69
欠けた茶碗のお化け……112
換価・処分権……28
顔真卿自書建中告身帖事件……140
　――上告審……91
疑似ユートピア思想……115
擬　制……46
客体を無体物に限定……94
客観化された物……145
キャンベル事件……118
狂　歌……108, 111, 116
享　受……30, 31, 76, 78, 132, 144
業務に従事する者……44
許諾を得ることは期待できない……114
近年増設された新館……149
繰り返し享受・利用……31, 131, 146
　――のための著作の固定化……143
経済的利用……49
刑事罰……85
「欠陥」の定義……152
原画に依拠……101
原画の複製物……102
原作品……24, 26, 145
　――の処分権……146
原始取得……51
原著作者の許諾を必要としない……112
　――二次的著作……107
権利侵害……54
権利の制限としてのフェア・ユース……150
高貴な人物……110, 111
公正な改変的利用……19, 118
公正な利用……19, 52, 65, 85, 132, 148, 154, 155
構成要件……57
公表名義……44
考慮事項……152, 152
固定化……23, 25, 28, 30, 31, 32, 77, 131, 146
雇用契約……44
根拠薄弱な理由……136

混迷状態……90

さ 行

罪刑法定主義……55, 57, 69, 154
再　現……25, 30, 31, 76, 77, 132, 144
差異は軽微……110
差止請求……85
　――はなくても不都合はない……82
　――を認めていること自体が誤り……68
差止請求権……62
恣意的な判断……61
指揮監督下……46
指揮監督関係……44
自己借地権……49
市場の失敗……17
事情を考慮……152
市場を乗っ取る……118
自然言語……35
自然人……42
自動運転……46
自動車公害におびえる世相を風刺……115, 117
氏名表記のないカレンダーの写真……117
社会統制機関……70
写真を改変して利用……117
柔軟な権利制限規定……18, 133, 133
　――のただし書き……134
出所明示義務違反……59
出版権……79, 80
出版条例……149
受忍すべきもの……116
循環的なプロセス……31
将　棋……37
消　尽……28, 29, 53, 146
承諾を得ることは期待できない……118
譲　渡……27
譲渡権……28, 123
　――の消尽……79, 84
情報保護法の一種……75
職務上作成すること……44
職務著作……47, 141
書　籍……145
所有権……50
　――著作権との間の調整問題……26, 52
所有者の使用・収益権を制限する物権……124
人格権侵害……51, 58
人格攻撃……64
人格の発露……64, 145
人格の分身……64
新館〔著作権本体〕……89
シンギュラリティ（技術的特異点）……140
親告罪……59
新　説……33, 41, 53, 55
深層学習……40
シンプルさが必要……89
シンプルな構造に再編成……20, 129
崇徳院……108, 111
スノータイヤ……115
制限物権……7, 52
　――の作用……125
生成 AI……35, 42, 43, 90, 91
　――が生成する作品……84
　――の開発事業者……91
　――の出現……139
　――の利用規約……91
製造物責任法２条２項……152
製造物の特性……152
製造物を引き渡した時期……152, 152
先行作品に依拠……154
先行作品を改変（トランスフォーム）……155
潜在的な市場……155
　――又は価値に対する利用の影響……134, 151
創作（無体物）……25
創作性……112
　――の高い著作物……56
　――の低い著作物……56
創作的な著作物……97, 118

創作的表現……90, 92, 97, 101
　──ができるのは，人間だけ……92
　──の主体……42
損害が発生すると回復が困難……65
存続期間……50, 50

た　行

体系性，整合性……81
大言語モデル（LLM）……39
大量失業の時代……36
多言語同時通訳ロボット……46
蛸足配線状態……88, 93, 122
ただし書き……133
　──の裏返し……133
　──の共通項目……133
立ち返るべき原点……93
妥当な改変……116
他の著作物に依拠することなく，
　独立して作成されたもの……137
多様な文化の発展……114
誰が著作者になる……93
智恵子抄事件……140
チェス……37
知的労働……37
ChatGPT……35
茶碗のお化け……106
中核概念の定義……20
町人の風俗……105, 111
　──の再現……105
著作（無体物）……25, 30, 31, 34, 76, 77, 131, 144
　──固定化された有体物……9
　──の享受の主体……126
　──の固定化……126
　──の再現の主体……126
　──の主体……126
　──を固定化した有体物……146
著作享受者……6, 131
著作権……7, 8, 34, 131, 146
　──の定義……66, 154
　──の定義も要件も規定していない……154
　──の要件……80
　──という制限物権……148
　──のある著作物の性質……151
　──の制限規定……113
　──の中心は差止請求……82
　──の付着した著作物……29
著作権違反の定義を怠る……76
著作権者等の権利……95
著作権者の氏名表示……115
著作権侵害……7, 34, 54, 80, 85, 131
著作権登録……142
著作権判例百選事件……81
著作権法
　──と民法との連携……20
　──の改正の指針……18
　──の改正の目的……129
　──の客体は無体物に限る……148
　──の原点……93
　──の趣旨……46
　──の全体像……19
　──の中核概念に関する改正案……129
　──の目的……118
　──はどこで間違えたのか……75
　──を民法から独立……74
著作権法1条（目的）
　（加賀山改正私案）……130
著作権法2条1項1号の2
　（加賀山改正私案）……134, 138
著作権法27条の2
　（加賀山改正私案）……138
著作権法違反……118
著作権法学の誤りの始まり……75
著作固定化事業者……6, 131
著作再現者……6, 131
著作者……6, 34, 85, 91, 130
　──と享受者とを平等・公平に扱う……136
　──に甘く，享受者に厳格な「創作性」の定義……136
　──に補償……154, 156
　──の許諾を必要としない……100

──の権利……149
──の人格から離れて客観化された著作物……119
──の人格の発露……119
──の人格の分身……119, 145
──の利益を不当に害する……133
──は誰か……90
著作者人格権……61, 65
──を侵害……117
──を世界中で一番保護……119
著作者名詐称の罪……59
著作物……34, 76, 85, 143, 144, 145, 146, 147
──に依拠……117
──の解釈的利用……144
──の改変的（transformative）利用……153
──の公平な改変的利用……98, 113
──の市場価値を乗っ取るものでない……155
──の主観的利用……144
──の種類……133
──の性質……134
──を人格の分身又は発露とみなす……65
──を登録……142
著作物性……103, 105, 111
──（創作性）の基準……56
著作物全体……134
──との関連における，利用された部分……151
著作隣接権……79, 149
通常の商売人……104
通常予見される使用形態……152, 152
通説の破綻……29
デジタル社会……88
展　示……26, 27
展示権……27, 79, 123
電磁的な記憶媒体に固定化……147
当該製造物の特性……152
桃中軒雲右衛門事件……57
独占禁止法……135
──に違反する行為……135
──の例外……147
特徴的表現……105
独立した法分野……75
トランスフォーム……6
取り締まるから犯罪が発生する……68

な　行

中山信弘説……33, 41, 53, 55, 93
二次（的）著作……97, 98, 119, 131, 138, 139
二次的著作物……99, 101

は　行

媒体に固定化されたもの……147
化け物に驚……103
派遣労働者……43
──と類推（擬制）……46, 93
罰則の執行を停止……155
抜本的な全面改正……86
パブリックドメイン……113, 140
ハルシネーション……4, 36
パロディ……65, 114, 116, 119
──としての芸術性……116
パロディ事件：モンタージュ写真上告審判決……114
番町皿屋敷……106
番頭空屋敷……106
判例百選差止事件……66
美　術……26
非親告罪……59
批判的思考……64
批判的精神……64, 119
秘密保持命令違反……59
百人一首……109, 111
表現主体……92
表現上の本質的特徴の同一性を維持……99, 101, 117
表現上の本質的な特徴を直接感得……99
表現の自由……62, 66, 116
剽　窃……116
フェア・ユース……65, 95, 132

──を反対側から規定……156
不可思議……70
──な事情……68
複製物……24
不公正な取引方法……135
不公正な利用……132, 148
──だけを制限……125
──を制限する排他的権利……20
負担として付着……28
物権との関係が切断……147
物権法から決別……84
物権法から放たれた自由な発想……74
物権法から分離・独立……31, 81, 123
物権法上の用益物権……124
不当利得法……54
不法行為法……54
──に依存……84
古くからの本館……149
古くて立派な老舗旅館……88, 148
プロンプト……38, 41, 91
文化的所産の改変的利用……97, 132, 136, 143, 145
文化的所産の公正な改変的利用……8, 95, 96, 98, 113, 119
文化的所産の利用サイクル（説）……7, 8, 30, 76, 79, 130, 144, 161
文化の発展……95
──に寄与する有効な方法……156
米国連邦著作権法 107 条……95, 133, 134, 139, 151
米国連邦著作権法 411 条(a)……142
別　館……149
──〔著作隣接権，映画に関する諸権利〕……89
別段の定めがないこと……45
法　人……42
法人等の発意……43
法定の制限物権……8, 28
法定の用益物権……9
法的人格……42
法律家……138
法律上の制限物権……131
本館〔出版権（版権）〕……89

ま　行

全く対照的な商人……107
全く別の意図……117
未発行の写真……26
民事制裁や過酷な刑事制裁……136
民法との再連携……93
民法の制限物権の考え方……124
民法の物権法から離れる……75
民法の物権法（制限物権）……161
──の特別法……63, 124
無体財産権法……74
無体物……15, 25, 52, 146
──にも人格権……124
──の利用に関する排他権……123
模　写……101
──を超えるもの……101
勿論解釈……65
『物』とは有体物をいう……54
モンタージュ写真……116, 117

や　行

焼継ぎ行商人……102, 112
焼継ぎ師……108, 109, 111, 112
焼継ぎ屋事件……99, 114
山本桂一説……33, 41, 53, 55
憂鬱の時代……89
有体物である著作物……52
有体物である美術の原作品……123
有体物と無体物……13, 24, 32
有体物の排他権……123
有体物を無視して著作権法を体系化……124
幽霊に驚く……105
幽霊の顔……106
用益物権……63
──と対比……48
用　途……133

ら　行

濫用的な権利行使……………………………135
リーチアプリ…………………………………58
リーチサイト（海賊版サイト）………58
利益を不当に害する…………………………118
理解が困難な複雑な法律……………84, 88
立法的解決……………………………………141
立法論…………………………………………122
流通に資する…………………………………131
利用規約…………………………………………47
利用された部分の量…………………………134
利用に関する排他権…………………………146
利用の態様……………………………………133
利用の目的および性格（質）……134, 150
類似性……………………………………117, 136
類　推……………………………………………46

わ　行

和歌のもじり…………………………………111

〈著者紹介〉

加賀山 茂（かがやま・しげる）

1948年愛媛県生まれ。1996年大阪大学法学部卒。
現在，名古屋大学名誉教授，および，明治学院大学名誉教授。
1979年大阪大学法学研究科博士後期課程（民事法学専攻）を単位修得退学後，国民生活センター研修部にて4年6か月間消費者保護実務を経験。大阪大学法学部教授を経て，1996年名古屋大学法学部教授に移籍し，アジア法整備支援に参画。2005年から明治学院大学法科大学院教授，2014年同大学法学部教授を経て，明治学院大学・法と経営学研究科の立ち上げに参画後，2017年定年退職。その後，両親の住む大分県速見郡日出町に移住して，研究活動を続ける。

信山社ブックレット

著作権法はどこで間違えたのか
「文化的所産の利用サイクル」説の視点から

2025(令和7)年2月15日　第1版第1刷発行

©著　者　加賀山　茂
発行者　今井貴・稲葉文子
発行所　株式会社　信山社

〒113-0033　東京都文京区本郷6-2-9-102
Tel 03-3818-1019　Fax 03-3818-0344
笠間才木支店　〒309-1611 茨城県笠間市笠間515-3
Tel 0296-71-9081　Fax 0296-71-9082
笠間来栖支店　〒309-1625 茨城県笠間市来栖2345-1
Tel 0296-71-0215　Fax 0296-72-5410
出版契約 No.2025-28134-01012

Printed in Japan, 2025　印刷・製本 藤原印刷
ISBN978-4-7972-8134-7 C3332 ¥1600E 分類 323.937
p.184 28134-01012:012-010-005